Mirko Steinkamp

JAM 5/16

Dein Move in die Freiheit

Dieses Buch widme ich allen Menschen, die ihre wahre Freiheit in Christus entdecken wollen.

Auch wenn jemand an einem sportlichen Wettkampf teilnimmt,

kann er nur dann den Siegeskranz gewinnen,

wenn er sich an die Regeln gehalten hat.

2. Timotheus 2:5

JAM 5/16

Dein Move in die Freiheit

Mirko Steinkamp

Bibliografische Information der Deutschen Nationalbibliothek:
Die Deutsche Nationalbibliothek verzeichnet diese Publikation in der
Deutschen Nationalbibliografie; detaillierte bibliografische Daten sind
im Internet über http://dnb.dnb.de abrufbar.

Autor: Mirko Steinkamp
Korrektorat: Bodo Heller

Foto: Einband: Gerd Altmann/Pixabay
        Seite 11: Pexels/Pixabay
        Seite 47: Rony Michaud/Pixabay
        Seite 51: Pexels/Pixabay
        Seite 134: Joshua Woroniecki(Pixabay
        Seite 138: Ryan McGuire/Pixabay

Bibelübersetzung: Neue evangelistische Übersetzung. (2019). Gefell:
Karl-Heinz Vanheiden.

Verlag: BoD · Books on Demand GmbH, Überseering 33, 22297 Hamburg, bod@bod.de

Druck: Libri Plureos GmbH, Friedensallee 273, 22763 Hamburg

ISBN: 978-3-7578-1403-8

Was dich erwartet

1_Warum das alles?

Warum schreibe ich heutzutage noch ein Buch über „Freiheit"? Es gibt bereits unzählige Publikationen, weit verbreitetes Arbeitsmaterial und diverse Kursprogramme – ob in gedruckter Form oder online. Viele dieser Programme, Bücher und Materialien habe ich auf meiner Suche nach Befreiung von meinen Bindungen selbst durchgearbeitet. Ich habe Freiheitskurse absolviert, Rechenschaftspartner an meiner Seite gehabt und Bücher zum Thema Reinheit, Freiheit und über das Leben im Geist nahezu verschlungen. Dies alles waren notwendige Bausteine auf meinem Weg.

Dennoch bin ich zum einen der Meinung, dass es nicht genug an Ermutigungen, Impulsen und Hilfestellungen geben kann, die der Flut an verführenden und bindenden Medien etwas entgegenzusetzen haben. Zum anderen kann ich der Inspiration des Heiligen Geistes einfach nicht widerstehen! Die Impulse zu diesem *Movement* waren so stark und eindeutig, dass ich ihnen folgen musste.

In diesem vorliegenden Buch wird zwar ein Fokus auf Sexsucht und Abhängigkeit von Pornografie gesetzt, dies ist jedoch rein exemplarisch zu verstehen. Genauso lässt sich das Movement *JAM 5/16* auf andere Süchte, geistliche und dämonische Bindungen sowie Bindungen in Bitterkeit, Unversöhnlichkeit usw. übertragen. Die Liste ließe sich beinahe endlos fortsetzen und du siehst, es gibt einen großen Bedarf, sich mit *Befreiung* zu beschäftigen. Den Schwerpunkt auf Pornografie und Co. setze ich deshalb, weil diese Bindung sehr verbreitet ist und in den Gemeinden wenig bis gar nicht besprochen wird.

Eine Vielzahl an Menschen wird tagtäglich in den Bann eines äußerst wirksamen Teufelskreises gezogen. Eine Konsumspirale, die sich immer weiter dreht und das Verlangen nach mehr und immer extremerem „Material" befeuert. Der Dschungel von Bindungen und Abhängigkeiten wird dadurch nur noch undurchdringlicher. Jede vierte Suchanfrage im Internet dreht sich in Deutschland um Pornos. Hier ein kleiner Überblick über aktuelle Entwicklungen rund um den Konsum von Pornografie (Stand 2025)[1]:

✖ **25 % aller Suchanfragen im Netz drehen sich um Pornografie (ca. 68 Mio. Suchanfragen täglich)**
✖ **40 % der Kinder suchen bereits nach pornografischen Inhalten**
✖ **Die Pornoindustrie macht ca. 12,6 Mio. Euro/Tag**
✖ **Deutschland ist weltweit führend im Konsum von pornografischen Inhalten**

Dabei werden bislang weder die Dunkelziffer noch das Konsumverhalten erfasst, das sich in Grenzbereichen bewegt. Zudem hat die Darstellung von Gewalt und Sex in der Film- und Serienwelt in den vergangenen Jahrzehnten drastisch zugenommen. Ein schleichender Prozess, der die Konsumenten schrittweise an solche abstoßenden Inhalte gewöhnt hat. Die Erfolgs- und Verkaufszahlen von einschlägigen Medienprodukten sprechen da für sich. Ebenso die Folgen.
Internetsexsucht, Cybersexsucht und eine Abgestumpftheit gegenüber Gewaltdarstellungen sind längst weitverbreitete Phänomene. Dies hat schwerwiegende Konsequenzen für Partnerschaft, Ehe, eine gesunde Sexualität,

---

[1] www.netzsieger.de/ratgeber/internet-pornografie-statistiken

psychische Gesundheit und Gesellschaft. Auch säkular orientierte Beratungsstellen haben diese Alarmzeichen unlängst erkannt.

Wenn wir einen Blick hinter die Kulissen der Pornografie und ähnlicher Phänomene werfen und uns nicht von der Macht der Bilder *verzaubern* lassen, stoßen wir auf eine grausame Tatsache! Wir haben es mit einer gigantischen Sexindustrie zu tun, die von Menschenhandel, Sklaverei und Ausbeutung lebt. Das Sklaventum gehört noch längst nicht der Vergangenheit an!

Daneben hat unlängst ein neuer Trend die Pornowelt erobert: Immer mehr Privatpersonen drehen ihre eigenen Filme und stellen sie auf entsprechend einschlägigen Plattformen zur Verfügung. Dies ist nur ein weiterer Beweis dafür, wie abgestumpft die Gesellschaft gegenüber diesen Entwicklungen inzwischen geworden ist und wie weitreichend die Konsequenzen sind.

Kirchen und Gemeinden sind im Hinblick auf diese drastische Problematik leider keine Ausnahme. Auch dort findet sich ein Teil der Konsumenten pornografischer Bilder und Filme – jeden Sonntag, zwischen Predigt, Worship und Kaffee! Etwa 67 % der befragten US-Pastoren berichten, schon einmal mit Pornografie gekämpft zu haben. Weitere 18 % geben an, *aktuell* damit zu kämpfen. Viele Pastoren schätzen außerdem selbst, dass Pornografie unter Pastoren verbreitet ist.[2]

---

[2] https://www.barna.com/research/pastors-pornography-use/?utm_source=chatgpt.com

Doch eine Antwort darauf finden leider die wenigsten Kirchen und Gemeinden. Vielmehr wird das Thema tabuisiert und gerät somit noch weiter in den Schatten, wo es auf dem Nährboden von Scham und Hilflosigkeit weiterwachsen kann. Die oben erwähnte Studie unter Pastoren muss ebenso zwangsläufig von einer weitaus höheren Dunkelziffer ausgehen, da Schamgefühl die Aussagen mit Wahrscheinlichkeit verzerrt wiedergibt. Alles andere also als eine geeignete Basis für geistliches Wachstum und das Hineinfinden in die von Gott gewollte Berufung, sowohl für die Kirche selbst als auch für die Gläubigen. Damit muss Schluss sein!

Dieses Buch ist dabei alles andere als ein erhobener Zeigefinger! Kein moralischer Hammerschlag! Es ist die Hand, die sich den Gefallenen entgegenstreckt, um sie wieder hochzuziehen. Denn nichts ist schlimmer, als liegenzubleiben und zu glauben, dass sich niemals etwas ändern wird. *Die Freiheit, die Jesus uns durch das Kreuz schenkt, ist umfassend, ganzheitlich und voller Kraft!* Da bleiben keine Fragen mehr offen! Dies zu erkennen und die Wahrheit des Kreuzes und der Auferstehung im Herzen zu haben und auch zu bewahren, ist ein Schritt in Richtung Freiheit. Und auch wenn es ein langer Weg sein mag, es lohnt sich, ihn zu gehen.

Was ist also das Ziel dieses Buches? Ich bete und wünsche mir, dass es sehr viel mehr als nur ein Buch ist! Ich habe die Vision einer Bewegung, einer Bewegung, die ihre Kreise zieht und Menschen aus ihren Bindungen und Abgründen herausreißt. Wie bereits angemerkt, existieren solche Bewegungen schon. Aber genug davon, sicher nicht! *JAM*

5/16 steht daher nicht in Konkurrenz zu anderen Freiheitsbewegungen, sondern an ihrer Seite, in einem gemeinsamen Kampf. *Es geht um Reinheit, Freiheit, Erneuerung, geistliche Durchbrüche und darum, Menschen in ihre von Gott gegebene Berufung zu führen.* Dieses Buch soll eine Initialzündung sein, die eine neue Freiheitsbewegung in Gang setzt. Der Schwerpunkt liegt – wie bereits erwähnt – auf der Bindung an Pornografie und anderen sexuellen Belastungen. Auch die Folgen wie psychische Probleme, Depressionen oder ein vermindertes Selbstwertgefühl können nicht ausgeklammert werden, denn sie sind unter Umständen direkte Konsequenzen einer Porno- und Sexsucht.

Was du von *JAM 5/16* erwarten kannst, ist ein Angebot sowie die Vermittlung von Rechenschafts- und Gebetspartnerschaften. Im Idealfall gibt es einen JAM (Kleingruppe) in deiner Nähe. Je mehr solcher JAMs entstehen, desto mehr Vernetzung und Synergieeffekte können freigesetzt werden. Auch Seminar-JAMs sind möglich – ein Seminartag zum Thema Freiheit mit viel Raum für Gebet und Worship. Lade JAM 5/16 in deine *Kirche, Gemeinde oder Gruppe* ein!

Was sich hinter einem JAM genau verbirgt und wie er gestaltet ist, erläutere ich dir im Verlauf des Buches. Ebenso werden wir darüber sprechen, welche Voraussetzungen nötig sind, um einen JAM vor Ort zu gründen.

JAM 5/16 ist grundsätzlich überkonfessionell, aber auch offen für Menschen, die noch auf der Suche sind und nichts Persönliches mit dem christlichen Glauben verbinden. Eine positive Grundeinstellung dem Glauben gegenüber sollte jedoch in jedem Fall vorhanden sein, denn sie ist die Basis, um wirkliche Freiheit zu erleben. Ein Zusammenschluss von Menschen aus unterschiedlichen Kirchen und Gemeinden und ein *Netzwerk* zu anderen *Bewegungen* sind ausdrücklich erwünscht.

Der *kirchenübergreifende* Ansatz ist bewusst gewählt, da innerhalb der Kirchen und Gemeinden oft nicht genug Vertrauen vorhanden ist, sich diesem schambesetzten Thema zu widmen. Das ist okay! Zu groß ist häufig die Hemmschwelle, das Thema anzusprechen, geschweige denn, die eigene Betroffenheit ins Spiel zu bringen. Darum will *JAM 5/16* eine *Dockingstation* für dich sein! *Last but not least:* Habe den Mut, aus dem Schatten zu treten!

- ❤ **Es gibt Hilfe!**
- ❤ **Es gibt Vergebung!**
- ❤ **Es gibt Freiheit!**
- ❤ **Es gibt geistliche Durchbrüche!**

Vergegenwärtige dir diese geistlichen Wahrheiten! Alles andere sind Lügen und Irreführungen des Feindes. Sein Ziel ist es, dich an der Erkenntnis der Wahrheit zu hindern und dich weiterhin zu binden und zu blockieren. Diese widergöttlichen Kräfte und Mächte wissen nur zu gut um den Sieg, den Jesus am Kreuz über sie errungen hat. Doch sie sind längst entwaffnet worden! Dennoch setzen sie alles daran, diese Wahrheit zu verschleiern. Viele Menschen glauben noch immer, Satan sei Gott in seiner Macht ebenbürtig. Das ist eine Lüge, die im Mittelalter entstanden ist und die wir endlich ablegen müssen. Die Wahrheit sieht jedoch ganz anders aus

---

Doch nun hat Gott euch
mit Christus lebendig gemacht
und hat uns alle Verfehlungen vergeben.
Er hat den Schuldschein,
der mit seinen Forderungen gegen uns gerichtet war,
für ungültig erklärt.
Er hat ihn ans Kreuz genagelt und damit für immer beseitigt.
Er hat die Herrscher und Gewalten völlig entwaffnet
und vor aller Welt an den Pranger gestellt.
Durch das Kreuz hat er einen triumphalen Sieg über sie errungen.

Kolosser 2:13-15

Diese Textstelle aus dem Kolosserbrief offenbart uns gleich mehrere Wahrheiten.

- ❧ **Wir wurden in Christus lebendig gemacht**
- ❧ **Er hat uns von Schuld vollkommen befreit**
- ❧ **Alle Gewalten wurden entwaffnet**

Das Kreuz ist der triumphale Sieg über Tod, Schuld und Sünde – ebenso über Sucht und jede Form von Bindungen. Damit ist eigentlich alles zur Freiheit in und durch Christus gesagt. Am Ende kommt es auf deinen Glauben an. Denn der Glaube ist dein Schritt in die Freiheit! Stelle dich auf die Verheißungen des Sieges, die uns durch Kreuz und Auferstehung Jesu Christi geschenkt wurden

Vielleicht bist du auf dieses Buch gestoßen – ohne Anbindung an eine Kirche oder Gemeinde und vielleicht sogar, ohne Jesus persönlich zu kennen. Kein Problem! Leg das Buch nicht einfach beiseite, sondern lass dich darauf ein. Ich möchte dir zusprechen: Jesus ist absolut real. Er liebt dich, er ist für deine Sünden eingetreten und hat am Kreuz alles für dich bezahlt

---

Denn so hat Gott der Welt seine Liebe gezeigt: Er gab seinen einzigen Sohn, damit jeder, der an ihn glaubt, nicht ins Verderben geht, sondern ewiges Leben hat.

Johannesevangelium 3:16

Doch selbst wenn du noch deine Schwierigkeiten damit hast, scheue dich nicht, den hier angebotenen Weg zu gehen. Niemand wird dir etwas aufzwingen, das du nicht willst. Die Hand, die Gott uns reicht, ist auch für dich ausgestreckt! Gehen wir nun einen Schritt weiter.

2_Worum es geht

Vielleicht fragst du dich schon: Was steckt eigentlich hinter dem Namen JAM 5/16? Der Name ist kein Zufall, sondern trägt eine entscheidende Botschaft in sich. Genau davon möchte ich dir jetzt erzählen – damit du das Fundament und die Ausrichtung von JAM 5/16 nicht nur kennst, sondern verstehst und für dich entdecken kannst.

1) *JAM* leitet sich von James ab – der englischen Bezeichnung des Namens Jakobus. Den Brief, den Jakobus verfasst hat, findest du im Neuen Testament. Jakobus war sehr wahrscheinlich einer der leiblichen „Halbbrüder" von Jesus – das heißt, Josef, Marias Mann, war sein leiblicher Vater. Er war einer der wichtigsten Leiter seiner Zeit, wurde als Säule der ersten Gemeinde bezeichnet, besaß großen Einfluss und war unter den Gläubigen sehr angesehen. Diesen Einfluss spüren wir auch heute noch. Sein Brief enthält bis heute starke geistliche Aussagen, die uns Orientierung und Inspiration geben. Es begeistert mich zu sehen, wie sehr der Heilige Geist Jakobus dazu inspiriert hat.

Jakobus war ein Mann, der mit seinem Glauben mitten im Leben stand! Damit hat er uns ein echtes Standing vorgelebt – eines, das auch wir brauchen, um durch den Heiligen Geist den Schritt in die Freiheit zu wagen.

2) *JAM* bedeutet noch viel mehr! Umgangssprachlich heißt *jammen*: zusammenkommen. Wenn du Musiker bist, wird dir dieser Zusammenhang besonders deutlich – denn gerade hier wird gejamt, um gemeinsam Musik zu machen. Genau hier setzt JAM 5/16 an!

Ein zentraler Punkt auf dem Weg zur Freiheit ist das Zusammenkommen, die Gemeinschaft. Alleine wird es schwer, Bindungen und Süchte zu überwinden. Es ist nicht unmöglich, den Weg in die Freiheit zu schaffen, doch die Bibel ruft uns dazu auf, zusammenzukommen und gemeinsam im geistlichen Kampf zu stehen.

Du brauchst Menschen an deiner Seite, die dich ermutigen, dir zuhören und dich auf deinem Weg begleiten. Kein Grund für falsche Scham! Ganz gleich, ob es um sexuelle Bindungen oder andere Belastungen geht – wir sind dazu geschaffen, uns gegenseitig zu unterstützen, nicht mit dem Finger aufeinander zu zeigen.

Also mach deinen Move! Es ist ein wichtiger Schritt, aus der Isolation herauszutreten und sich den Tatsachen zu stellen. Es ist nicht tragisch, wenn du es nicht alleine schaffst – den meisten anderen geht es genauso. Also: lasst uns jammen! Nur gemeinsam kommen wir weiter.

3) Doch JAM hat noch mehr zu bieten. Im Englischen bedeutet es auch: Stau, Klemmen, Blockieren, Lähmen – genau das, was Pornografie, Sexsucht, Unreinheit, dämonische Bindungen und Krankheiten in einem Menschen bewirken können. Solche Bindungen lähmen dich ein Leben lang und blockieren dich geistlich, wenn du ihnen nicht entgegentrittst. Du steckst in einem geistlichen Stau und kommst nicht weiter. Es ist Zeit, das zu beenden – und mit JAM 5/16 richtig durchzustarten!

4) Zuletzt stehen die drei Buchstaben in *JAM* auch für die feste und unverrückbare Basis dieses Movements. Denn es ist *EINER*, der alles getan hat, um uns in die Freiheit zu führen! *JESUS!*

JAM ist daher auch eine Abkürzung für die drei hebräischen Worte:

יֵשׁוּעַ (**J**eschua)

אֲדֹנָי (**A**donai)

מֶלֶךְ (**M**elech)

Jeschua ist die ursprüngliche, hebräische Namensform von Jesus. Die heutige Aussprache „Jesus" leitet sich aus dem Altgriechischen ab. Da das Neue Testament in Griechisch verfasst wurde, ist uns diese Form des Namens vertrauter.

Adonai bedeutet „Herr". In der Bibel – besonders im Alten Testament – wird diese Anrede immer wieder verwendet, um Gott direkt anzusprechen oder überhaupt von Gott zu sprechen. Adonai ist zudem die jüdische Lesart des Gottesnamens *Jahwe* (in deutschen Übersetzungen meist mit HERR wiedergegeben). Aus Ehrfurcht vor Gott sprechen die Juden diesen Gottesnamen nicht aus, sondern verwenden stattdessen immer Adonai.

Melech schließlich ist das hebräische Wort für König. *Jesus ist unser Herr und König!*

Somit sind die Herrschaftsansprüche eindeutig geklärt: Jesus hat die höchste Autorität!

> **Darum hat Gott ihn über alles erhöht**
> **und ihm den Namen geschenkt,**
> **der über allen Namen steht:**
> **Denn vor dem Namen Jesus**
> **wird einmal jedes Knie gebeugt;**
> **von allen, ob sie im Himmel sind,**
> **auf der Erde oder unter ihr.**
>
> **Philipper 2:9-10**

Eine bemerkenswerte Aussage, die eigentlich alles sagt! Genau das – und nichts anderes – ist das Fundament und das Bekenntnis von JAM 5/16: Es gibt keinen anderen Herrn und König als Jesus allein und niemanden, der über ihm stehen könnte. Es gibt keinen anderen, durch den wir gerettet oder in die Freiheit geführt werden könnten. So proklamiert es auch der Apostel Petrus.

> **In keinem anderen ist Rettung zu finden,**
> **denn unter dem ganzen Himmelsgewölbe**
> **gibt es keinen vergleichbaren Namen.**
> **Nur dieser Name ist den Menschen gegeben worden.**
> **Durch ihn müssen wir gerettet werden.**
>
> **Apostelgeschichte 4:12**

5) *5/16* bezieht sich auf einen bestimmten Vers im Brief von Jakobus. Es ist ein zentraler Vers, der uns zeigt, wie wir in echte Freiheit kommen können – und der uns ermutigt, dies gemeinsam zu tun: zu jammen, im Bekennen und im Gebet. Lies selbst!

Bekennt also einander die Sünden und betet füreinander, damit ihr geheilt werdet. Das Gebet eines Gerechten ist wirksam und vermag viel.

Jakobus 5:16

Das sind die Grundlagen und die Basis von JAM 5/16. Ich hoffe, sie begeistern dich genauso wie mich. Alles baut aufeinander auf: Wenn wir allein im Stau steckenbleiben, geistlich blockiert und gelähmt sind, müssen wir die Gemeinschaft suchen und gemeinsam jammen – der Freiheit zuliebe.

Bei alldem ist Jesus, der Herr und König, unser Fundament. Auf ihm gründet unser Glaube, ihm schenken wir unser uneingeschränktes Vertrauen. Er ist es, der uns rettet, unsere Gebete erhört und uns zu Überwindern macht. So wird daraus echte Freiheit!

3_Die wichtige Nachricht

Bevor wir in die praktischen Schritte starten und den Move wirklich angehen, nehmen wir uns zuerst einen Moment, um den Vers zu betrachten, der JAM 5/16 zugrunde liegt. Schau genau hin – dieser Vers enthält den Schlüssel, der uns zeigt, wie wir in Freiheit, Gemeinschaft und Kraft leben können.

Bekennt also einander die Sünden und betet füreinander, damit ihr geheilt werdet. Das Gebet eines Gerechten ist wirksam und vermag viel.

Jakobus 5:16

Ich möchte diesen Vers in drei Checkpoints unterteilen, sodass wir Schritt für Schritt die einzelnen Punkte betrachten können. Sie bilden das Herzstück des 7-Wochen-JAMs. Die ersten sechs Wochen sind Lektionen, die wir gemeinsam erarbeiten wollen – wie Etappen auf einem Weg in die Freiheit. Am siebten Tag, also in der siebten Woche, schaffen wir bewusst Raum für Ruhe, Besinnung und Reflexion. Wir schauen zurück, feiern das Gute, das in den sechs Wochen gewachsen ist, und segnen es – ganz im Vorbild Gottes selbst.

Am siebten Tag hatte Gott sein ganzes Werk vollendet und ruhte von all seiner Arbeit. Gott segnete diesen Tag und machte ihn zu etwas Besonderem, denn an diesem Tag ruhte Gott, nachdem er sein Schöpfungswerk vollendet hatte.

Genesis 2:2-3

Die siebte Lektion öffnet den Raum für gemeinsames Segnen, gemeinsamen Worship und gemeinsames Feiern. Es ist ein besonderer Tag, eine besondere Lektion – der Sabbat-JAM. Mit ihm wird die Kleingruppe offiziell abgeschlossen.

Doch das bedeutet nicht, dass das Movement hier enden muss. Wenn nötig und sinnvoll, kann der JAM von vorn gestartet oder auf andere Weise fortgeführt werden. Wichtig ist: Gehe deinen Weg weiter und bleibe auf keinen Fall stehen!

4_Unsere Kämpfe

Mit unseren Kämpfen ist es so eine Sache. Es ist wichtig zu verstehen, wie diese geistlichen Auseinandersetzungen entstehen und auf welcher Ebene sie in unserem Leben wirken. Du solltest wissen, dass wir Menschen von Gott auf besondere Weise geschaffen wurden: Wir bestehen aus Körper, Seele und Geist. Die folgende Abbildung zeigt dies in vereinfachter Form.

Die drei Ebenen des Menschseins

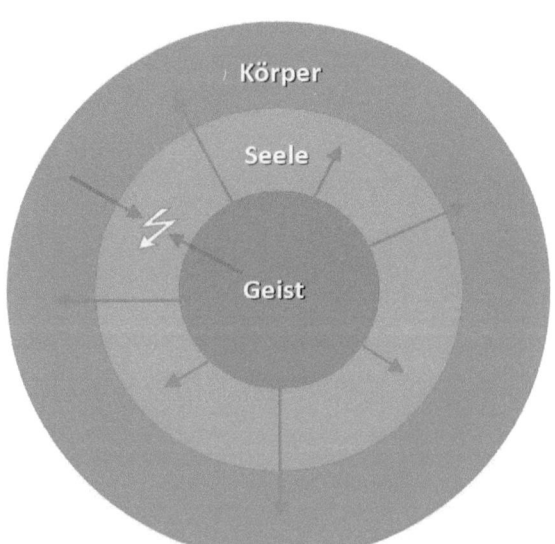

Es gibt ganze Bücher, die sich mit dieser Tatsache be-schäftigen. Für uns reicht jedoch ein kurzer Blick auf die drei Ebenen des Menschseins. Er hilft uns zu verstehen, welcher geistliche Prozess in uns abläuft.

Schauen wir dazu in die Schöpfungsgeschichte: Dort erfahren wir, wie Gott den Menschen in seinen verschiedenen Ebenen geschaffen hat.

> **Dann formte Gott den Menschen**
> **aus loser Erde vom Ackerboden (Körper)**
> **und hauchte Lebensatem (Geist) in sein Gesicht.**
> **So wurde der Mensch ein lebendes Wesen (Seele).**
>
> **Genesis 2:7**

Gott formte den Menschen zuerst aus fester Materie (Erde) und hauchte ihm dann seinen Lebensatem ein (Geist). Dadurch wurde der Mensch erst wirklich lebendig – er wurde eine Seele. Im hebräischen Urtext steht an dieser Stelle für „Wesen" das Wort נֶפֶשׁ (Näfäsch). Dieses lässt sich tatsächlich besser mit „Seele" übersetzen. In zahlreichen anderen Bibelstellen begegnet uns dieser Begriff ebenfalls.

> **Aus dem Totenreich**
> **hast du meine *Seele* geholt,**
> **auf dem Weg zum Grab**
> **riefst du mein Leben zurück.**
>
> **Psalm 30:4**

> **Auf, meine *Seele*, lobe Jahwe,**
> **und alles in mir seinen heiligen Namen!**
> **Auf, meine Seele, lobe Jahwe,**
> **und vergiss es nie, was er für dich tat!**
>
> **Psalm 103:1-2**

In den Psalmen finden wir häufig eine solche Situation vor, dass der Schreiber seiner eigenen Seele zuspricht und mit ihr kommuniziert. Doch auch im Neuen Testament ist man sich der Existenz (s)einer Seele bewusst.

Gott selbst, der Gott des Friedens,
helfe euch, ein Leben zu führen,
das in jeder Hinsicht heilig ist.
Er bewahre euch völlig nach Geist, *Seele* und Leib [...]

3. Johannes 2

In dem Prozess, in den wir mit JAM 5/16 gemeinsam einsteigen, spielen alle drei Ebenen – Körper, Seele und Geist – eine entscheidende Rolle. Sie können sich zwar in sehr unterschiedlichen Zuständen befinden, stehen jedoch immer in direkter Verbindung zueinander (siehe Abbildung auf Seite 22). Ursprünglich waren sie als vollkommene Einheit geschaffen. Doch der Sündenfall und der damit verbundene Ungehorsam des Menschen gegenüber Gott brachten dieses Gleichgewicht ins Wanken. Die Begebenheiten findest du in Genesis 3. Hier eine kurze Zusammenfassung in meinen Worten: Gott gebot den ersten Menschen, die Früchte eines bestimmten Baumes nicht zu essen – andernfalls würden sie sterben. Eine harte Konsequenz für ein Wesen, das eigentlich ewig leben sollte. Doch der Mensch entschied sich trotz aller Warnungen dagegen und griff nach den Früchten. Damit wurde er der Vergänglichkeit, also dem Sterbeprozess, unterworfen. Zusätzlich musste er Verluste auf allen Ebenen seines Daseins hinnehmen: Der ewige und lebendige Geist Gottes war nicht länger in ihm. Es kam zu einem Bruch mit der eigenen Vollkommenheit und damit auch in seiner natürlichen Beziehung zu Gott.

Die Seele blieb zwar auf Ewigkeit angelegt, war jedoch nicht mehr fähig, in Gemeinschaft mit Gott zu sein. Sie war zur Trennung von ihrem Schöpfer verdammt. Der Körper hingegen war fortan dem Tod und der Verwesung unterworfen. So lebt der Mensch bis heute oft ein geistlich unerfülltes Leben – ein Leben abseits dessen, wie es eigentlich gedacht war.

Es gibt unzählige Versuche, dieses Vakuum zu füllen. Die Menschen sind darin sehr erfinderisch geworden: durch Religion, Drogen, Sex, Macht, Ideologien oder durch alles, was sich zum Lebensinhalt erheben lässt. Doch nichts davon kann den Menschen wirklich erfüllen. Nur der Heilige Geist führt ihn zu wahrer Befriedigung, zu echter Freiheit – und damit auch zu seiner Bestimmung. Doch Gott wollte diesen Zustand der Trennung und Sünde nicht bestehen lassen, sondern ihn überwinden und den ursprünglichen Zustand wiederherstellen. Genau das wurde mit Jesus Wirklichkeit! Er unterwarf sich der Vergänglichkeit und dem Tod, wurde am Kreuz – ebenso wie wir – geistlich von Gott getrennt und in seiner Seele zutiefst zerrissen (→ Matthäusevangelium 27:46).

Weil er dies jedoch vollkommen unschuldig auf sich nahm, stellte er alles wieder her – das war sein Plan – und versöhnte die Menschheit mit Gott. Gottes Herzensanliegen ist es zwar, dass alle Menschen gerettet werden (→ 1. Timotheus 2:4), doch wir sind nicht automatisch wieder mit dem Vater im Himmel versöhnt. Das ist eine Irrlehre, die leider in manchen Kirchen gelehrt wird. Ja, der Weg ist offen. Doch nur derjenige, der sein Leben Jesus übergibt und an ihn glaubt, empfängt einen neuen Geist – den Heiligen Geist. Körper, Seele und Geist werden wieder zusammengeführt, und was der Mensch einst verloren hatte, wird in ihm wiederhergestellt.

Dieser Heilige Geist in uns ist vollkommen! In ihm gibt es keine Sünde. Er ist:

- **vollkommen heilig**
- **vollkommen rein**
- **vollkommen versöhnt mit Gott, dem Vater**
- **vollkommen gelöst von allen Bindungen und Süchten**

Und wenn der Geist so ist, dann sind auch wir so, wenn wir in ihm leben! Denn wer diesen Geist empfängt, erlebt eine neue, geistliche Geburt – so nennt es Jesus (→ Johannesevangelium 3:3). Es ist eine wunderbare Erneuerung, die in einem Menschen geschieht: ein Wendepunkt im Leben, ein völliger Reset – durch den Heiligen Geist. Gott hat damit wiederhergestellt, was zuvor durch den Ungehorsam und die Gier des Menschen zerstört worden war.

Menschliches Leben wird von Menschen geboren, doch geistliches Leben von Gottes Geist.

Johannes 3:6

Doch was ist mit der Seele und unserem Körper? Wurden sie ebenfalls durch die Gabe des Heiligen Geistes erneuert? Bislang nicht vollständig. Die volle Erneuerung werden wir erst erleben, wenn wir in die Ewigkeit eingehen. Dazu muss der Körper sterben – während Seele und Geist schon jetzt ewiges Leben besitzen.

Aber keine Sorge! Wer im Heiligen Geist lebt, darf voller Hoffnung auf den neuen Körper blicken, den wir eines Tages empfangen werden. Paulus beschreibt diese starke Hoffnung in seinem zweiten Brief an die Gemeinde in Korinth – eine Hoffnung, die uns schon jetzt mit tiefer Vorfreude erfüllen darf.

Wir wissen ja:
Wenn unser irdisches Haus, unser Körper,
einmal wie ein Zelt abgebrochen wird,
erhalten wir eine Wohnung von Gott,
ein nicht von Menschen gebautes
ewiges Haus im Himmel.

2. Korinther 5:1

Solange wir jedoch noch darauf warten, mit diesem neuen Haus des Himmels bekleidet zu werden, verursacht uns der alte Körper – der der Vergänglichkeit und der Sünde unterworfen ist – weiterhin so manchen Ärger. Wir stehen dadurch in einem offenen Konflikt zwischen dem vollkommenen Geist und dem sündigen Körper. Dieser ist nach wie vor in der Lage, Leidenschaften in uns zu entfachen, die dem Heiligen Geist in uns missfallen. So beschreibt es auch Paulus, der Apostel, in seinem Brief an die Gemeinde in Rom.

> Denn meiner innersten Überzeugung nach stimme
> ich dem Gesetz Gottes freudig zu (Geist),
> aber in meinen Gliedern (Körper)
> sehe ich ein anderes Gesetz wirken,
> das mit dem Gesetz in meinem Innern (Geist)
> in Streit liegt...
>
> Römer 7:22-23

Und was geschieht in dieser Übergangszeit mit unserer Seele? Vereinfacht gesagt: Sie ist hin- und hergerissen zwischen Geist und Körper. Sie ist der Teil in uns, der sich im Laufe des Lebens verändert. Dieser Prozess wird auch Heiligung genannt. Auf der Ebene der Seele lernen wir – und sofern wir den Geist Gottes in uns wirken lassen – werden wir Schritt für Schritt verwandelt, um immer mehr in Übereinstimmung mit dem Heiligen Geist zu leben. Das ist ein lebenslanger Prozess in dieser Welt.

Eine markante Aussage von Jesus dazu finden wir im Johannesevangelium.

> Ich bin der wahre Weinstock
> und mein Vater ist der Weingärtner.
> Jede Rebe an mir, die keine Frucht bringt,
> schneidet er weg, und jede, die Frucht bringt,
> schneidet er zurück und reinigt sie so,
> damit sie noch mehr Frucht bringt (Heiligung).
> Ihr allerdings seid schon rein,
> weil ihr mein Wort gehört
> und angenommen habt (im Geist).
>
> Johannes 15:1-3

Sind wir im Geist bereits rein und vollkommen, weil wir mit dem Heiligen Geist erfüllt sind, so muss unsere Seele dennoch umgestaltet werden. Du kannst es dir vorstellen wie einen Lernprozess: Lässt du den guten Einfluss des Geistes auf deine Seele zu, wirst du Frucht bringen. Und Gott selbst wirkt wie ein Weingärtner an uns, indem er Dinge aus unserem Leben entfernt, damit wir noch mehr Frucht hervorbringen können. Das ist der Prozess der Veränderung und der Heiligung, der uns immer stärker in die Nähe des Heiligen Geistes führt. Der Einfluss des Körpers – die Bibel nennt es auch den Einfluss des Fleisches – muss dabei immer mehr abnehmen. Das darf uns jedoch weder in eine falsche, übersteigerte Spiritualität treiben noch dazu verleiten, mit unserem Körper zu tun, was uns gerade in den Sinn kommt oder Lust bereitet, nur weil unser Geist vollkommen heilig ist. Denn Körper, Seele und Geist gehören untrennbar zusammen – so hat Gott uns geschaffen. Weil unsere Seele aber noch mitten in einem Prozess der Umgestaltung steht und sich dem Heiligen Geist in uns Schritt für Schritt annähert, kommt es vor, dass wir sündigen. Genau darauf geht der Apostel Johannes in seinen Briefen ein. Mit dem Wissen um die Vollkommenheit des Geistes, die Umgestaltung und Heiligung der Seele sowie die Vergänglichkeit des alten Körpers erschließen sich uns seine Gedanken auf besondere Weise.

**Wer Gott zum Vater hat,
lebt nicht mehr in der Sünde,
weil das Erbgut seines Vaters jetzt in ihm wirkt.
Deshalb kann er nicht immer weiter sündigen,
denn er stammt von Gott.**

1. Johannes 3:9

Im Geist können wir nicht mehr sündigen und sind ohne Sünde. Dennoch sündigen wir weiterhin. Wenn dies geschieht, betrifft es die Bereiche unserer Seele und unseres Körpers.

> **Wenn wir behaupten, ohne Sünde zu sein, betrügen wir uns selbst und verschließen uns der Wahrheit.**
>
> 1. Johannes 1:8

Was vielleicht zunächst verwirrend erscheint, wird sofort klarer, wenn wir die Ebenen von Körper, Seele und Geist bewusst betrachten. Genau hier schlägt JAM 5/16 die Brücke: Es geht darum, Bindungen, Sünden und Verfehlungen offen zu bekennen – und gleichzeitig die Arme nach der Veränderung Gottes auszustrecken. Es geht darum, echte Freiheit zu empfangen! Echte Freiheit für dein Leben. Es ist (d)eine Herzensangelegenheit! Ich hoffe, ich konnte dir den Zusammenhang von Körper, Seele und Geist verständlich machen. Dieses Bild zu verstehen, ist entscheidend – es wird dir helfen, deinen geistlichen Prozess klarer zu sehen und bewusst zu erleben. Nun möchte ich dir einen Moment Raum geben: Nutze ihn für Gedanken und Notizen.

Lies das Kapitel gerne ein zweites Mal. Welche Erkenntnisse fallen dir auf? Lass die Bibelstellen auf dich wirken. Öffne dein Herz und lass dir vom Heiligen Geist neue Impulse schenken.

Wenn du bereit bist, gehen wir gemeinsam zum ersten Checkpoint – der Schritt in deine Freiheit beginnt jetzt!

Was bewegt dich?

-

-

-

-

-

-

-

-

-

-

-

-

-

-

-

-

-

-

-

-

-

5_Checkpoint 1 „Movement"

Nach den bisherigen Ausführungen wollen wir uns nun näher mit Jakobus 5:16 beschäftigen. Was verbirgt dieser Vers? Was möchte er uns sagen? Welche geistlichen Schätze hält er bereit, und wie können wir sie für unser Leben anwenden? Der Vers steht im fünften Kapitel des Jakobusbriefes – dem letzten Kapitel. Der gesamte Brief enthält zahlreiche Aussagen über persönlichen Glauben und seine praktische Anwendung. Lies ihn gern einmal komplett und lass dich von seiner zeitlosen geistlichen Kraft inspirieren. Genau hier setzt JAM 5/16 an. Wir werden die einzelnen Schritte betrachten, die uns der Vers vorgibt, und dabei die wunderbare Kraft von Vergebung und Erneuerung erfahren.

Hier noch einmal der komplette Vers – das fett Gedruckte markiert dabei unseren ersten Checkpoint.

Bekennt also einander die Sünden
und betet füreinander, damit ihr geheilt werdet.
Das Gebet eines Gerechten ist wirksam und vermag viel.

Jakobus 5:16

Jakobus fordert die Gläubigen auf, einander ihre Sünden zu bekennen. Das kann bei manchen zunächst Ablehnung oder Irritationen auslösen. Doch lass dich beruhigen: Worum geht es wirklich? Es ist wichtig, dass wir bekennen, denn nur so lassen wir Licht in unser Herz und unser Leben. Was im Schatten und Verborgenen bleibt, gärt weiter und kann immer mehr Schaden anrichten – nicht nur in deinem Leben. Alles, was du heimlich im Internet oder täglich durch Medien konsumierst, beginnt, dich zu prägen. Dein Denken und dein Herz werden zunehmend beeinflusst.

Übrigens: Wenn die Bibel vom „Herz" spricht, ist damit die Seele gemeint – der Sitz von Vernunft, Denken, Wollen und Moral. Eine dauerhafte Flut falscher Eindrücke hinterlässt Spuren, verändert und prägt dich unaufhaltsam. Stell dir das Herz wie den berühmten Frosch in einem Topf vor, dessen Wasser langsam erwärmt wird. Der Frosch gewöhnt sich an die steigende Temperatur und bemerkt die lebensbedrohliche Gefahr erst, wenn es zu spät ist und er schließlich gekocht wird.

Du kannst dir sicher vorstellen, dass eine solche Konsumhaltung Auswirkungen auf alle deine Lebensbereiche hat und auch auf die Art und Weise, wie du Beziehungen lebst. Sei es die Beziehung zu deiner Ehefrau, deiner Partnerin, deinen Kindern, deinen Mitmenschen und ganz besonders zu Gott. Vielleicht bist du persönlich schon an diesem Punkt angelangt, wo du merkst, wie sich dein Leben um unreine Inhalte immer stärker verdichtet. Vielleicht ist es ein drastisches Bild, aber diese Art von Gebundenheit sorgt dafür, dass Menschen wie Fliegen um den Unrat kreisen. Ständig suchen sie eine Möglichkeit, im Dreck zu landen.

Im Hebräischen gibt es einen Begriff, der auch in der Bibel mehrfach erwähnt wird: Beelzebub (o. Beelzebul). Dies ist eine Bezeichnung für den Satan. Es bedeutet: *Der Herr der Fliegen.* Er ist es, der ein unaufhörliches Interesse daran hat, dass Menschen sich wie Fliegen auf Unrat stürzen und sich davon ernähren.

Die Sucht und sexuelle Gebundenheit nehmen immer mehr Besitz von dir. Sie prägen dein Bild von sexueller Identität und von Beziehungen – und können dich zunehmend beziehungsunfähig machen. Es ist deutlich: Dieses Problem betrifft nicht nur dich, sondern hat echte Konsequenzen. Alles, was du konsumierst, hinterlässt Spuren in deinem Denken, in deinen Handlungen und in deinem Verhalten. Du trägst diese Last ständig mit dir herum – immer und überall. Stell dich dieser Tatsache und verharmlose deine Situation nicht!

Ich weiß: Es ist nicht einfach, sich das einzugestehen. Noch schwerer ist es, vor anderen den Mut zu haben, diesen Zustand zu bekennen. Doch genau das ist ein entscheidender Schritt! Nur so kann Licht in die Dunkelheit deiner Situation gelangen.

Es bleibt deine Entscheidung: Willst du weiterhin wie eine Fliege um die Überreste deiner Unreinheiten kreisen – oder willst du wie ein Adler aufsteigen, getragen von der lebensverändernden Kraft des Heiligen Geistes? Er möchte dein „Fliegendasein" verwandeln in ein kraftvolles, aufstrebendes Leben als Adler. Nutze den Aufwind Gottes und beginne mit deinem Flug!

Doch die auf Jahwe hoffen, gewinnen neue Kraft.
Wie Adler breiten sie die Flügel aus.

Jesaja 40:31

Lass dir nicht länger einreden, eine Fliege zu sein. Gott spricht dir zu: *Du bist ein Adler!*

Je nach Gemeinde-Kontext ist dir das Bekennen von Sünden und Bindungen vielleicht vertraut – oder eben nicht. Manche Konfessionen haben diese Praxis in der Beichte umgesetzt, und das mit gutem Grund. Andere wiederum sind an diesem Punkt weitaus schwächer aufgestellt.

Ich selbst komme aus einem freikirchlichen Hintergrund und habe die Erfahrung gemacht, dass das Bekenntnis von Sünden dort oft zu sehr in den Hintergrund geraten ist. Doch genau dieser Schritt ist so wichtig! Um ihn zu gehen, braucht es – je nachdem, was bekannt werden muss – einen geeigneten, geschützten und vertrauensvollen Rahmen. Leider bietet die eigene Kirche diesen Rahmen nicht immer, so meine persönliche Erfahrung. Darum ist es umso wertvoller, dass durch verschiedene Freiheitsbewegungen dieses Thema wieder mehr in den Fokus rückt und vertrauensvolle Räume entstehen, in denen echte Offenheit möglich ist.

Ganz unabhängig davon, ob du an einem JAM teilnimmst oder nicht: Ich biete dir hiermit eine persönliche Gebets- und Rechenschaftspartnerschaft an – einen sicheren Ort, an dem du ehrlich werden darfst, ohne Angst vor Verurteilung.

Etwas zu bekennen, bei dem man sensible Gedanken, Gefühle oder Handlungen offenlegt, erfordert immer Überwindung. Doch die Entscheidung, genau dieser Aufforderung des Jakobus nachzukommen, ist ein großer Segen. Habe keine falsche Scham – bekenne!

Sicher kennst du das Sprichwort „sich etwas von der Seele reden". Genau darum geht es hier: Jakobus zeigt uns, dass das Bekenntnis Raum schafft, Freiheit schenkt und

Last von uns nimmt – wenn wir einander in Wertschätzung und Offenheit begegnen. Die Welt hat dieses Prinzip längst erkannt: Psychologen und Beratungsstellen erleben eine enorme Nachfrage. Doch Vergebung zusprechen und von Bindungen lösen – das liegt nicht in ihrer Macht. Deshalb kommt es nicht von ungefähr, dass Jakobus schreibt: „Bekennt also einander die Sünden [...]". Wenn wir dieser Aufforderung folgen, geschieht etwas in uns: Licht dringt in unser Leben ein.

Ein erster und notwendiger Schritt ist, Gott selbst unsere Sünden, Heimlichkeiten und Unreinheiten zu bekennen. Der Apostel Johannes zeigt uns, welche wunderbare Verheißung darin liegt, sich Gott ganz zu öffnen.

Wenn wir unsere Sünden eingestehen, zeigt Gott, wie treu und gerecht er ist: Er vergibt uns die Sünden und reinigt uns von jedem begangenen Unrecht.

1. Johannes 1:9

Eine kraftvolle Verheißung liegt direkt vor uns! Du darfst diese Reinigung, diese Befreiung erfahren! Es ist keineswegs so, dass Gott die Anliegen, die wir ihm bekennen, zuvor nicht gesehen hätte. Er weiß es längst – und er ist bereit, Heilung und Freiheit zu schenken.

Er kennt doch die Geheimnisse des Herzens.

Psalm 44:22

Doch Gott möchte das Bekenntnis persönlich von uns hören. Er sieht das Herz, das hinter unserem Bekenntnis steht – und wir können ihm nichts vormachen. Wenn wir nicht aufrichtig sind, können wir keine Vergebung erwarten. Gott ist kein gedankenloser Automat, in den wir etwas hineinstecken, um das Gewünschte herauszubekommen. Das ehrliche Bekenntnis vor Gott bildet den wesentlichen Grundstein für Buße, Erneuerung, Befreiung und Veränderung in unserem Leben.

Um das noch deutlicher zu verstehen, schauen wir uns einen wichtigen Vers aus den Chroniken an, in dem Gott uns zeigt, was ihm wirklich wichtig ist.

[...] wenn dann mein Volk,
über dem mein Name ausgerufen ist,
sich demütigt und zu mir betet,
wenn es meine Gegenwart sucht
und von seinen bösen Wegen umkehrt,
dann werde ich es vom Himmel her hören,
ihre Sünden vergeben und ihr Land heilen.

2. Chronik 7:14

Gott liebt es, zu heilen und Sünden zu vergeben! Aber er möchte eine echte Umkehr unseres Herzens sehen. In einer Gesellschaft, in der es so wichtig ist, „jemand zu sein" oder sich selbst zu verwirklichen, klingt Demut oft uncool. Doch genau das fordert Gott von uns! Wir sollen uns mit einem authentischen Herzen vor ihm demütigen – uns nicht übermäßig wichtig nehmen, uns zurücknehmen und uns vor allem nicht selbst in den Mittelpunkt stellen. Gott ruft uns dazu auf, seine Gegenwart zu suchen und seine

Nähe zu erleben. Tritt ein in diese Beziehung, die dein Leben verändern wird. Dort warten Vergebung, Erneuerung und Heilung auf dich!

Zurück zu Jakobus: Er betont, wie wichtig es ist, dass wir einander unsere Sünden bekennen. Warum reicht das Bekenntnis vor Gott allein scheinbar nicht aus? Natürlich geht es nicht darum, dass unser Bekenntnis vor Gott unzureichend wäre. Vielmehr ist es Gott ein wichtiges Anliegen, dass wir Gemeinschaft miteinander leben und uns gegenseitig unterstützen. So zeigt sich eine Gemeinschaft, die seinem ureigensten Wesen entspricht.

Helft euch gegenseitig, die Lasten zu tragen!
Auf diese Weise erfüllt ihr das Gesetz des Christus.

Galater 6:2

Seid vielmehr umgänglich und hilfsbereit.
Vergebt euch gegenseitig,
weil Gott auch euch
durch Christus vergeben hat.

Epheser 4:32

Diese ausgewählten Beispiele zeigen uns, wie unsere Gemeinschaft und unser Umgang miteinander aussehen sollten. Indem wir uns einander öffnen, entstehen Licht und Wahrheit – Eigenschaften Gottes.

Jesus selbst sagt von sich: Er ist das Licht und die Wahrheit. Nicht *irgendein* Licht und nicht *irgendeine* beliebige Wahrheit, sondern *das* Licht und *die* Wahrheit (→ Johannes 8,12; Johannes 14,6).

Ein weiterer stichhaltiger Grund, eine vertrauensvolle Gemeinschaft zu suchen – einen Ort, an dem man bedingungslos aufgenommen wird – sind die folgenden Worte von Jesus.

Ich versichere euch:
Alles, was ihr hier auf der Erde binden werdet,
wird im Himmel gebunden sein
und was ihr auf der Erde lösen werdet,
wird im Himmel gelöst sein.
Und auch das versichere ich euch:
Wenn zwei von euch hier auf der Erde eins werden
über irgendeine Sache, die sie erbitten wollen,
dann wird sie ihnen von meinem Vater im Himmel gegeben werden.
Denn wo zwei oder drei in meinem Namen zusammenkommen,
da bin ich in ihrer Mitte.

Matthäus 18:18-20

Das ist eine Gemeinschaft, die das Licht und die Wahrheit Jesu widerspiegelt! Ich bin davon begeistert! Denn was wir im Namen Jesu hier auf der Erde binden, wird gebunden sein und keine Macht mehr über uns haben. Was wir lösen, wird auch gelöst sein – und das nicht nur hier auf der Erde, sondern auch im Himmel, in der unsichtbaren Welt. Es geschieht ganz real und direkt um uns herum.

Denn der Himmel – das Reich Gottes, die unsichtbare Welt – ist nicht irgendwo weit entfernt. Das Reich Gottes ist hier, mitten unter uns. So sagt es uns auch Jesus.

„[...]das Reich Gottes ist schon jetzt mitten unter euch."

Lukas 17:21

Jesus sagt, wenn zwei oder drei zusammenkommen, wird dies alleine schon eine enorme Kraftwirkung in der unsichtbaren Welt haben.

> **Denn wo zwei oder drei in meinem Namen zusammenkommen, da bin ich in ihrer Mitte.**
>
> Matthäusevangelium 18:20

Es werden Bindungen gelöst, Menschen befreit, dämonische Einflüsse, Süchte und Fesseln aber gebunden. Es ist der Einfluss des Reiches Gottes, der durch die Gläubigen in dieser Welt sichtbar wird – überall dort, wo der Heilige Geist durch sie wirken und seine Kraft entfalten kann.

Gott fordert dich heraus, dich auf den Weg zu machen – eine Aufforderung, dich im doppelten Sinne aufzumachen. Beginne dein Movement...

- ... um vertrauliche und inspirierte Gemeinschaft zu suchen!
- ... um dein Herz zu öffnen für das, was Gott in deinem Leben lösen und freisetzen möchte!

Mit dem ersten Checkpoint hast du deinen Move erfolgreich begonnen! Bevor wir zum zweiten Checkpoint weitergehen, nimm dir gerne noch einmal Zeit, um in Ruhe deine Eindrücke und Gedanken zu sammeln.

Was bewegt dich?

-
-
-
-
-
-
-
-
-
-
-
-
-
-
-
-
-
-
-
-

6_Checkpoint 2 „Prayership"

Es geht ums Beten! Was löst diese Tatsache in dir aus? Bist du ein Beter? Liebst du Anbetung und Fürbitte? Oder erscheint dir Beten eher zäh und ermüdend – und Beter wie zahnlose Tiger? Das werden wir ändern! Denn im Gebet liegt Kraft. Wusstest du, dass Anbetung Gottes viel mit geistlicher Kampfführung zu tun hat? Spannend, oder? Schreib das Wort im Englischen ohne Vokale, und es sieht so aus:

WRSHP

Du kannst es unterschiedlich füllen, dann kommt entweder folgendes dabei heraus:

WARSHIP

Warship bedeutet *Kriegsführung* oder *Krieg führen*.

Ersetzen wir nur einen Vokal, nämlich das a durch ein o, erhalten wir das Wort:

WORSHIP

Dies bedeutet *Anbetung*. Wir sehen also: Nicht nur in der englischen Bezeichnung, sondern auch in der geistlichen Realität liegen geistlicher Kampf (Warship) und Anbetung (Worship) sehr eng beieinander! Der „Tiger" ist also alles andere als zahnlos! Jakobus fordert uns auf, nachdem wir einander Sünden, Verfehlungen, Ängste und Sorgen bekannt haben, füreinander zu beten. Worauf warten wir noch? Auf in den **WARSHIP**!

Bekennt also einander die Sünden
und betet füreinander, damit ihr geheilt werdet.
Das Gebet eines Gerechten ist wirksam und vermag viel.

Jakobus 5:16

Zugegeben, das klingt zunächst sehr simpel: Wir hören uns an, was die anderen uns berichten, und nehmen uns dann die Zeit, für sie zu beten. Vielleicht wirkt das auf den ersten Blick etwas „zahnlos". Doch das gilt nur, solange wir nicht wahrnehmen, was in der unsichtbaren Welt geschieht, wenn wir im Glauben beten und worshipen.

Die Praxis, füreinander zu beten, sollte uns aus allen Kirchenkontexten vertraut sein. Aber ist uns auch bewusst, welche Kraft im Gebet liegt? Hast du schon einmal erlebt, wie Gebet etwas verändert – in deiner Umgebung oder in dir selbst? Wenn wir als Gläubige beten, haben wir Vollmacht, etwas Bestimmtes zu tun. Jakobus sagt, so zu beten hat eine heilende Wirkung (→ Checkpoint 3). Gebet ist ein Move des Glaubens – ein Schritt, den wir bewusst gehen sollen. Ein Move, in dem wir hoffen und erwarten dürfen. Gott möchte uns Heilung und Erneuerung schenken. Es hat ihm gefallen, dies durch uns zu bewirken. Wir sind die Beter, er ist derjenige, der Heilung und Befreiung tatsächlich geschehen lässt.

Vielleicht fragst du dich, warum ich mir so sicher bin. Lies noch einmal Matthäus 18:18-20 (→ Checkpoint 1).

Alle Verheißungen, die Jesus uns im Verlauf seines Wirkens auf Erden gegeben hat, hier aufzulisten, würde den Rahmen dieses Buches sprengen. Deshalb nenne ich nur einige Beispiele. Das sollte dich jedoch nicht davon abhalten, selbst die Schätze des Wortes Gottes zu entdecken. Es ist ganz einfach: Schlage die Bibel auf, bitte den Heiligen Geist um Führung – und sei offen für sein Wirken. Lies nun folgenden Vers:

> **Wenn ihr in mir bleibt**
> **und wenn meine Worte in euch bleiben,**
> **dann könnt ihr bitten, um was ihr wollt:**
> **Ihr werdet es bekommen.**
> **Die Herrlichkeit meines Vaters wird dadurch sichtbar,**
> **dass ihr viel Frucht bringt**
> **und euch so als meine Jünger erweist.**
>
> **Johannes 15:7-8**

Jesus fordert uns auf, zu erbitten, was wir brauchen – und wir werden es erhalten.

Bevor du jetzt aber losrennst, in deiner Garage nach dem Ferrari schaust oder den Kontostand kontrollierst, um dich über den plötzlich millionenschweren Betrag zu freuen: STOP!

Denke daran: Gott ist kein Automat, der auf Knopfdruck funktioniert. Er ist kein Flaschengeist, der nur darauf wartet, uns jeden Wunsch zu erfüllen. Als Gläubige, wiedergeboren und erneuert im Geist, leben wir in Beziehung zu Gott, unserem Vater. Wir haben es mit einem guten und vollkommenen Vater zu tun.

Menschliche Beispiele müssen dabei zwangsläufig zurückstehen – viele von uns tragen Verletzungen aus schlechten (oder fehlenden) Vater-Kind-Beziehungen mit sich. Gott jedoch kennt uns vollkommen und sieht auch unsere Beweggründe. Er könnte mühelos all unsere Wünsche erfüllen. Aber wäre das immer gut und sinnvoll?

Wenn du Vater bist, erfüllst du deinem Kind jeden Wunsch? Ich selbst habe zwei Töchter. Glaub mir, ich würde liebend gern bedingungslos jeden ihrer Wünsche erfüllen. Und ja, manchmal fällt es mir schwer, ihren Wünschen nicht nachzugeben. Ich sehe ihr Herz und verstehe sie. Doch ich weiß, dass es nicht immer gut für sie wäre – die Erfüllung mancher Wünsche könnte ihnen sogar schaden. Natürlich verstehen sie das nicht immer, und meine Argumente stoßen nicht immer auf Verständnis. Aus ihrer Sicht ist das völlig nachvollziehbar.

Kannst du dir vorstellen, welchen Bitten ich besonders gerne nachkomme, ohne Bedenken? Es sind die Bitten, hinter denen ich selbst voll und ganz stehen kann – Anliegen, bei denen ich eine wichtige Herausforderung für sie sehe und etwas Gutes für sie dabei herauskommt. Das bedeutet allerdings nicht, dass jeder Wunsch sofort in Erfüllung geht. Alles hat seine eigene Zeit und benötigt unter Umständen auch Geduld.

Ich glaube, in unserer Beziehung zu Gott sieht es nicht anders aus. Jesus sagt, wir sollen in ihm bleiben, und seine Worte sollen unser Herz und Denken prägen und erfüllen. Wenn wir so leben, verändert sich unsere Perspektive. Ganz sicher ist das ein Lernprozess. Unsere Bitten um Dinge, die im Einklang mit ihm stehen und die der himmlische Vater für unser Leben bejaht, werden sicher erfüllt – vielleicht nicht immer sofort, aber alles geschieht zu seiner Zeit.

Was wir immer wieder benötigen, ist ein unbedingtes Vertrauen in seine Entscheidungen. Nur so können wir sie annehmen und vermeiden, ihm gegenüber bitter zu werden, weil es nicht so läuft, wie wir es uns vorstellen. Denke daran: Gottes Horizont ist wesentlich weiter und größer als der unsere!

Dies nur als kleiner Exkurs, um zu verstehen: Wenn wir um etwas Gutes bitten, um etwas, das in Gottes Sinne ist, werden wir es auch erhalten. Diese Wahrheit bezeugt uns ein Wort von Jesus, das uns Lukas überliefert hat.

Welcher Vater würde seinem Kind denn eine Schlange geben, wenn es ihn um einen Fisch bittet? Oder einen Skorpion, wenn es ihn um ein Ei bittet? So schlecht wie ihr seid, wisst ihr doch, was gute Gaben für eure Kinder sind, und gebt sie ihnen auch. Wie viel eher wird dann der Vater aus dem Himmel den Heiligen Geist denen geben, die ihn bitten!

Lukas 11:11-13

Wenn wir Gott nun darum bitten, uns in Freiheit zu führen, Bindungen zu lösen, negative Gedankengebäude einzureißen und Erneuerung zu schenken... glaubst du nicht, dass ER dazu ein uneingeschränktes JA hat? Ich glaube das! Und daher glaube ich auch, dass wir in unseren Gebeten mutiger werden dürfen.

Zurück zu den „zahnlosen Gebeten": Die gibt es natürlich auch – kraftlose Gebete, die eben nichts erwarten. In der Regel entstehen sie dort, wo wir wenig Vertrauen darauf haben, dass Gott ganz real in unser Leben hineinwirkt. Ich möchte dich nun in ein wunderbares Bild hineinführen. Sieh dir dazu die folgende Grafik an.

Ein Tropfen schwebt kurz über der Wasseroberfläche – dieser Tropfen ist dein Gebet. So klein, so unscheinbar, leicht zu übersehen! Es wirkt kaum so, als könne er auch nur das Geringste bewirken. Kommen uns unsere Gebete nicht oft genauso vor? Doch sobald der Tropfen die Wasseroberfläche berührt, zieht sein scheinbar kleiner Aufprall Kreise. Das Wasser gerät in Bewegung – das ist die Bewegung Gottes, das ist sein göttlicher Move!

So geschieht es, wenn wir im Glauben beten: Gott lässt unser glaubensvolles Gebet weite Kreise ziehen. Dein Umfeld, die Menschen um dich herum, werden berührt und

verändert – weit mehr, als wir oft auf den ersten Blick erkennen. Er freut sich, wenn wir mit solchem Glauben in
unsere Gebete eintreten. Damit keine Missverständnisse
entstehen: Es ist nichts Magisches an unserem Glauben –
es ist die übernatürliche Kraft Gottes, die in und durch
uns in diese Welt hineinwirkt. Eine der größten Lügen, die
uns der Feind tagtäglich einflüstert, lautet: *„Deine Gebete
bewirken nichts. Dein Glaube wirkt nicht."*

Brich mit diesen Lügen, denn nichts anderes sind sie, als Lügen!

Ein erster Schritt für uns muss sein, all diese Lügen end-
gültig hinter uns zu lassen. Meinst du nicht, wir haben uns
lange genug davon kleinmachen lassen? Glauben ist
nichts, das nur den Mega-Evangelisten, Super-Aposteln
oder Power-Propheten vorbehalten ist. Diesen Glauben
dürfen wir alle, die wir Jesus nachfolgen, für uns in Anspruch nehmen! Hast du Zweifel daran? Dann lies den
nächsten Vers aus dem Hebräerbrief.

**Aber ohne Glauben ist es unmöglich, Gott zu gefallen.
Wer zu Gott kommen will, muss glauben, dass es ihn gibt und dass
er die belohnt, die ihn aufrichtig suchen.**

Hebräer 11:6

Ich ermutige dich, diesen wichtigen Schritt zu tun – einen
Schritt im Glauben. Du musst nichts überstürzen! Ein
Schritt nach dem anderen. Denn ein Glaube, der Gott ge-
fällt, ist dein Move in die Freiheit! Jesus hat uns kontinu-
ierlich dazu ermutigt, glaubensvoll zu beten, stetig zu

hoffen und alles zu erwarten. Um das zu bestätigen, setzt Jakobus nach – ganz so, als kenne er die endlosen Vorbehalte und Zweifel, die oft unsere Gebetshaltung begleiten.

Bekennt also einander die Sünden **und betet füreinander**, damit ihr geheilt werdet. **Das Gebet eines Gerechten ist wirksam und vermag viel.**

Jakobus 5:16

„Das Gebet eines Gerechten ist wirksam und vermag viel", schreibt Jakobus. Er weiß: Ein Glaube, auch wenn er nur so groß wie ein Senfkorn ist, kann unglaublich viel in Bewegung setzen. Jesus sagt sogar, dass Berge versetzt werden können (→ Matthäus 17:20). Welche Berge liegen in deinem Leben? Vielleicht ist es der Mount Porn, vielleicht ein anderer Berg. Vielleicht sogar eine ganze Gebirgskette aus Depressionen, Problemen oder Süchten, die darauf wartet, von dir beiseitegeräumt zu werden. Geh dabei klug und weise voran: Nimm dir Berg für Berg vor – und am besten nicht alleine. Habe Glauben, habe Mut, und vertraue darauf, dass du Schritt für Schritt Ordnung in dein Leben bringen kannst.

Fragst du dich, wie du das schaffen sollst? Wie du das scheinbar Unmögliche möglich machen kannst? Das ist eine berechtigte Frage – und die Antwort ist wichtig: Wir können es nicht aus eigener Kraft schaffen. Niemals sind unsere eigenen Fähigkeiten ausreichend, um diese Berge zu versetzen. Nur wenn wir in Jesus bleiben, steht uns eine übernatürliche Kraft zur Seite: der Heilige Geist. Er möchte uns dabei helfen, das Unmögliche möglich zu machen.

Denn getrennt von mir könnt ihr gar nichts bewirken.

Johannes 15:5

Niemand von uns hätte die Kraft, sich alleine gegen die Berge in unserem Leben zu stellen. Ohne Jesus können wir nichts bewirken. Ohne den Heiligen Geist stehen wir angesichts dieser scheinbar unüberwindlichen Bergmassive auf verlorenem Posten. Darum brauchen wir das, was ich gerne den Sacharja-Drive nenne!

Nicht durch Heeresmacht und menschliche Gewalt wird es geschehen, sondern durch meinen Geist, spricht Adonai, der allmächtige Gott.

Sacharja 4:6

Versuche daher erst gar nicht, dich aufzureiben in Kämpfen, die du nicht gewinnen kannst. Und vergegenwärtige dir noch einmal:

Der Kampf ist bereits gewonnen!
Jesus hat alles am Kreuz vollbracht, was dazu nötig war, um uns in Freiheit zu bringen!

Das ist das geistliche Prinzip von JAM 5/16: Ein Movement, in dem wir lernen, glaubensvoll nach vorn zu schauen, um kraftvoll beten zu können. Und wir beten aus dem Sieg heraus – als die, die Jesus bereits befreit und aus allen Bindungen herausgerissen hat.

Ich möchte dir noch eine weitere wichtige Sache zum Gebet mit auf den Weg geben: Wenn du deinen ersten Schritt und deinen ersten Move machst, habe Geduld. Du weißt: Der Krieg ist bereits gewonnen, aber manche Schlachten in deinem Leben müssen noch ausgefochten werden. Manchmal reicht ein Gebet nicht aus. Vielleicht sind es zwei, drei… vielleicht dauert es Tage, Wochen, Monate oder sogar Jahre. Ganz gleich, wie lange es dauert – lass dich nicht entmutigen. Sei gewiss: GOTT IST UND BLEIBT MIT DIR!

Der Auszug des Volkes Israel aus Ägypten, aus der Gefangenschaft, erforderte ebenfalls Zeit. Eines ist dir jedoch sicher – und das darfst du auch in deinen Gebeten proklamieren: DU BIST NICHT MEHR IN ÄGYPTEN! Also hänge deinem alten Wesen und Leben, deinen zerstörerischen Leidenschaften nicht länger nach!

Mit deinem ersten Schritt in dieses Movement hast du gleichzeitig deinen ersten Schritt aus Ägypten heraus gemacht (→ 2. Mose Kapitel 1–15).

Auf das Volk Israel wartete nach der unglaublichen Befreiung aus Ägypten eine Wüstenwanderung von 40 Jahren. Ich glaube nicht, dass das Volk Israel dies in seinem Reiseplan berücksichtigt hatte. Letztlich geschah es aufgrund ihres Ungehorsams gegenüber Gott – und so war diese Zeit der Heiligung und Veränderung notwendig.

Vielleicht kommst auch du gefühlt in eine solche Zeit, wenn du den Weg der Freiheit beginnst: eine Wanderung durch die Wüste. Wir verstehen Gottes Wege oft nicht – ich zumindest selten – und doch verliert er uns niemals aus dem Blick. Akzeptiere es, wenn nicht alles so läuft, wie du es dir wünschst. Akzeptiere die Wüste. Lass dich nicht entmutigen, wenn Rückschläge kommen. Schau nach vorn, auf die Befreiung! Sieh nicht zurück nach Ägypten! Und wenn du fällst, ziehe dich am Kreuz wieder hoch. Lass nicht ab vom Beten. Mach dir immer wieder bewusst, wie viel Verheißung und Kraft im Gebet steckt. JAM 5/16 ist der Kompass auf deinem Weg. Du hast dein Movement begonnen und stehst nun mitten im Prayership. So wie die Wüstenwanderung eine Geduldsprobe für die Israeliten war, ist ein Prayership auch eine Geduldsprobe für uns. Und wir sind aufgefordert, nicht nachzulassen.

Als Nächstes wollen wir uns dazu zwei Bibelstellen anschauen.

Betet immerzu!

1. Thessalonicher 5:17

Sie waren einmütig beieinander und beteten beharrlich miteinander.

Apostelgeschichte 1:14

Wenn wir beten, kann das genauso herausfordernd sein wie eine Wüstenwanderung. Beharrlich zu bleiben, dran zu bleiben, kostet uns etwas – es kostet uns die Illusion, wir könnten den Weg durch die Wüste alleine zurücklegen. Lass dich nicht von deinen Gefühlen irreführen: Gott hört dein Gebet! Breite dein Herz vor ihm aus. Bitte ihn, dich von Grund auf zu erforschen, damit dein Innerstes, deine tiefsten Gedanken und Beweggründe vor ihm offenbar werden.

Erforsche mich, Gott, und erkenne mein Herz! Prüfe mich und erkenne meine Gedanken!

Psalm 139:23

Unsere Gebete sollten von Aufrichtigkeit und Authentizität geprägt sein – so, wie es uns der Psalmist vormacht. Gott kennt alles, was in uns ist, auch die Dinge, für die wir uns schämen und die wir lieber verbergen würden. Und doch freut er sich, wenn wir ihm unser Herz öffnen und ihn einladen, uns auf Herz und Nieren zu prüfen (→ Psalm 26:2).

Auch Jesus hat uns gezeigt, welche Stellung das Gebet in unserem Leben haben sollte (→ Matthäus 14:23; Matthäus 26:36; Lukas 5:16; Lukas 6:12; Lukas 11:1). Schau dir diese Textstellen genau an, lass sie auf dich wirken und lerne dabei ganz praktisch von Jesus.

Genauso wichtig wie diese persönlichen Begegnungen mit dem Herrn ist das gemeinsame Gebet. Wenn wir uns zusammen vor Gott begeben und füreinander beten, entfalten sich starke Verheißungen, und wir können vieles in dieser Welt bewegen. Wenn wir von Herzen und im Glauben beten, öffnet sich Raum für echte Veränderung.

Zwei letzte, sehr wichtige Punkte zum Prayership:

1. Wir stehen in einem geistlichen Krieg. Als wiedergeborene Christen stehen wir auf einem Schlachtfeld – wir wurden auf diesem Schlachtfeld geboren. Das bedeutet, wir müssen die Taktiken und Angriffstechniken des Feindes kennen.

2. Wir müssen unsere eigenen Schwachstellen kennen und uns eng am Heiligen Geist orientieren.

Hier kommt das strategische Gebet ins Spiel: Es ist sinnvoll, sich im Gebet auf eine Sache zu fokussieren. In der

Vollmacht, die wir in Christus haben, und durch die Verbundenheit mit dem Heiligen Geist können wir Gedankenfestungen einreißen, Bindungen zerschlagen und den Mächten und Kräften ihren Einfluss verweigern. Wir weisen sie auf ihren Platz zurück – den Platz, den Christus ihnen längst zugewiesen hat.

> **Er hat die Herrscher und Gewalten**
> **völlig entwaffnet**
> **und vor aller Welt an den Pranger gestellt.**
> **Durch das Kreuz**
> **hat er einen triumphalen Sieg über sie errungen.**
>
> **Kolosser 2:15**

Das Kreuz hat alle Machtansprüche geklärt – eine wirklich bahnbrechende Wahrheit! Doch leider üben diese Mächte und Kräfte in unserer Welt noch immer Einfluss aus. Der Grund? Durch den Sündenfall hat der Mensch ihnen einst die Herrschaft überlassen. Jesus aber hat den endgültigen Sieg errungen. Eine Tatsache, die früher oder später für jeden Menschen sichtbar sein wird. Wohl dem, der diese Wahrheit bereits jetzt erkennen darf und aus ihr Kraft, Hoffnung und Freiheit schöpft!

> **Dann kommt die Vollendung,**
> **wenn Christus die Herrschaft Gott, dem Vater, übergibt,**
> **sobald er jede andere Herrschaft,**
> **jede Gewalt und Macht beseitigt hat.**
>
> **1. Korinther 15:24**

Böse Geister und Dämonen sind real, auch wenn uns das in unserem westlichen Kulturkreis fremd erscheint. Doch wir müssen uns nicht fürchten: Durch den Sieg am Kreuz können wir ihnen in der Autorität Jesu begegnen. Strategisches Gebet und das Wort Gottes sind unsere Waffen – und sie sind mächtig, um diese finsteren Mächte zu entkräften. Lass dich nicht von Filmen, Mythen oder Gespenstergeschichten in die Irre führen, als hätten wir es mit unüberwindbaren Wesen zu tun. Sie mögen auf ihrem Gebiet stark sein – doch einer ist stärker: CHRISTUS! Und wir dürfen in seinem Sieg leben.

Es ist sogar sein Auftrag an uns, so zu handeln wie er: Dämonen austreiben, Bindungen brechen, Freiheit bringen und Heilung ermöglichen. Nicht aus eigener Kraft, sondern aus der Kraft des Heiligen Geistes, der in uns wirkt.

**Folgende Zeichen werden die begleiten, die glauben:
Sie werden in meinem Namen Dämonen austreiben,
sie werden in neuen Sprachen reden,
wenn sie Schlangen anfassen
oder etwas Tödliches trinken,
wird es ihnen nichts schaden,
Kranken, denen sie die Hände auflegen,
wird es gut gehen.**

Markus 16:17-18

In der folgenden Bibelstelle lesen wir, wie einige Jünger begeistert zu Jesus zurückkehrten, nachdem sie seinem Auftrag gefolgt waren: Dämonen auszutreiben, Bindungen zu brechen und Menschen freizusetzen.

Seine Antwort, die wir im Lukasevangelium nachlesen können, ist für uns sehr aufschlussreich. Jesus vermittelt hier eine wichtige Lektion: Ja, wir dürfen diese geistlichen Wirkungen erleben – doch wir sollen uns niemals damit profilieren. Es gibt geistliche Wahrheiten, die weit größer sind als unsere persönlichen Erfolge.

Die Siebzig kehrten voller Freude zurück. „Herr", sagten sie, „selbst die Dämonen müssen uns gehorchen, wenn wir sie in deinem Namen ansprechen!" Jesus sagte ihnen: „Ich sah den Satan wie einen Blitz vom Himmel fallen. Ja, ich habe euch Vollmacht gegeben, auf Schlangen und Skorpione zu treten und die ganze Macht des Feindes zunichte zu machen. Nichts wird euch schaden können. Aber freut euch nicht darüber, dass euch die Geister gehorchen. Freut euch viel mehr, dass eure Namen im Himmel aufgeschrieben sind."

Lukas 10:17-20

Jesus hat uns persönlich den Auftrag gegeben, genau das zu tun, was er selbst getan hat. Das ist Nachfolge, das ist Jüngerschaft! Doch Jesus sagt zugleich: *„Kommt schon, macht nicht so einen Wirbel darum. Ich habe gesagt, ihr sollt es tun. Freut euch vielmehr darüber, dass ihr im Himmel euer wahres Zuhause habt! Das ist das eigentliche Wunder!"*

Unsere Gebete haben die Kraft, echte Wunder zu bewirken. Sie setzen die Mächte und Kräfte der unsichtbaren

Welt durch unseren Glauben in Bewegung. Und wenn wir dies tun, bleibt es nicht unbemerkt – die geistliche Welt ist real und sie reagiert auf unser Handeln im Glauben.

Wir kämpfen ja nicht gegen ‹Menschen aus› Fleisch und Blut, sondern gegen dämonische Mächte und Gewalten, gegen die Weltherrscher der Finsternis, gegen die bösartigen Geistwesen in der unsichtbaren Welt. Greift darum zu den Waffen Gottes, damit ihr standhalten könnt.

Epheser 6:12-13

Zu beten bedeutet auch, in einen geistlichen Kampf zu ziehen. Denk an das W A R S H I P! Wenn wir gemeinsam beten, liegt eine besondere Verheißung darauf (→ Matthäus 18:20). Dies sollte uns die Augen öffnen für die Kräfte, die wirken, wenn wir füreinander beten – genau so, wie es uns Jakobus in seinem Brief nahelegt.

Was bewegt dich?

-
-
-
-
-
-
-
-
-
-
-
-
-
-
-
-
-
-
-

7_Checkpoint 3 „Believement"

Gehen wir weiter zum nächsten Checkpoint! In Jakobus 5:16 finden wir einen weiteren entscheidenden Hinweis – einen Schlüssel, den wir für unser Movement und unser Prayership unbedingt brauchen.

> Bekennt also einander die Sünden und betet füreinander, **damit ihr geheilt werdet.** Das Gebet eines Gerechten ist wirksam und vermag viel.
>
> Jakobus 5:16

Der gute James (Jakobus) spricht hier von einer direkten Wirkung und Folge des Gebets: Heilung. Wir sollen unsere Sünden bekennen und füreinander beten – damit Heilung geschehen kann. Doch wie genau ist diese Heilung zu verstehen? Eine berechtigte Frage! Im griechischen Urtext steht das Wort ἰαθῆτε (iathēte), das sich von ἰάομαι (iaomai) ableitet. Es gibt im Griechischen noch ein weiteres Wort, das sowohl für Heilung als auch für pflegende oder therapeutische Anwendungen verwendet wird – von diesem Begriff leitet sich unser heutiges Wort Therapie ab.

Das von Jakobus verwendete Wort jedoch steht ausschließlich für Heilung – und zwar für eine wirksame, tatsächliche Heilung. Sie kann sich auf eine ärztliche Behandlung beziehen, aber auch auf eine übernatürliche Heilung. Und genau diese übernatürliche Dimension ist es, die Jakobus hier betont.

Wenn sich die Kräfte des Gebets vereinen und wir im Glauben beten, dann geschehen übernatürliche Dinge. Die Heilung, von der in Jakobus 5:16 die Rede ist, kann sich sowohl auf eine körperliche Heilung als auch auf eine seelische oder geistliche Wiederherstellung beziehen. All das ist möglich – wenn wir beten und glauben!

Ich weiß, Heilungen sind ein umstrittenes Thema – auch unter Christen. Doch darauf möchte ich in diesem Buch nicht weiter eingehen. Wir wollen stattdessen gemeinsam in die Bibel schauen und lesen, was dort wirklich steht. Und in Jakobus 5:16 lesen wir:

„[...] betet füreinander, damit ihr geheilt werdet.“

Für mich klingt das nach einer wunderbaren Verheißung, die ich nicht totdiskutieren oder zerreden möchte. Ich nehme sie so, wie sie ist – und möchte dich ermutigen, es ebenso zu tun. Jesus sagt uns, wir sollen werden wie die Kinder (→ Matthäus 18:3). Das bedeutet nichts anderes, als mit vollkommenem Vertrauen vor Gott, unseren Vater, zu treten und zu glauben, dass ihm alles möglich ist.

Doch leider ist es nicht selbstverständlich, dass Kinder in einer heilen und liebevollen Familie aufwachsen. Zu viele haben erlebt, dass ihr Vertrauen in die Eltern erschüttert wurde – durch Missbrauch von Autorität oder durch Vernachlässigung von Verantwortung. Beides hinterlässt tiefe Spuren im Herzen eines Kindes und prägt den weiteren Lebensweg. Vielleicht trägst auch du solche Erinnerungen und Verletzungen aus deiner Kindheit in dir. Dann möchte ich dir zusprechen, dass auch hierfür Heilung möglich ist. Zusammen mit deinem himmlischen Vater kannst du Frieden schließen mit diesen Umständen. Ein wichtiger Schlüssel dazu ist Vergebung. Ich ermutige dich, Vergebung auszusprechen – über die Verletzungen und über die Menschen, die sie dir zugefügt haben. Denn auch dafür ist Raum bei JAM 5/16.

Wenn ich die Gemeinden unseres Landes betrachte – gleich welcher Denomination –, dann sehe ich viele Gläubige, die es schwer haben, Gott, als ihrem Vater, dieses kindliche Vertrauen entgegenzubringen. Es wird viel diskutiert, gezweifelt und für unmöglich gehalten. Manche Gläubige fühlen sich von Gott enttäuscht oder unter Druck gesetzt, andere haben das Vertrauen in sein Wort verloren – teilweise sogar ganz. Und bei einigen entsteht der Eindruck, sie lebten unter einer zerstörerischen religiösen Angst: im Angesicht eines scheinbar unberechenbaren Gottes, der seinen Zorn pflegt und nur darauf wartet, jemanden zu bestrafen. Ein kleiner Reminder an dieser Stelle: Jesus hat unsere Strafe auf sich genommen. Er hat unsere Sünde ans Kreuz getragen – damit wir versöhnt sind mit dem Vater, dem lebendigen Gott.

> Er hat den, der ohne Sünde war,
> für uns zur Sünde gemacht,
> damit wir in ihm zu der Gerechtigkeit kommen,
> mit der wir vor Gott bestehen.
>
> 2. Korinther 5:21

Etwas Tiefgreifendes geschieht im Leben eines Menschen, wenn er in Christus wiedergeboren wird: Er erhält das Recht, ein Kind Gottes zu sein. Ist das nicht eine bahnbrechende Botschaft?

Warum betone ich das hier, wo es doch eigentlich um Glauben geht? Weil ich dir zeigen möchte, dass unsere Beziehung zu Gott wie eine Beziehung zu einem Vater ist. Die Tatsache, dass irdische Väter enttäuschen – so wie auch wir es manchmal tun –, bedeutet nicht, dass Gott, unser himmlischer Vater, enttäuscht. Nicht Gott ist das Problem! Es liegt nicht an ihm, dass wir uns so schwertun. Das Problem ist allein unser mangelndes Vertrauen. Doch Glaube und Vertrauen sind notwendig, um vor Gott zu treten. Glaube ist nötig, um Gottes Handeln zu erkennen. Auch ich kenne Zeiten des Zweifelns und Ringens um meinen Glauben – und das ist völlig in Ordnung. Wir dürfen damit zu Jesus kommen. Er weiß, was uns bewegt und was in uns vorgeht. Er kennt die Zerreißproben unseres Glaubens. Und doch: Wir sind herausgefordert, zu glauben.

Im Hebräerbrief erinnert uns der Schreiber eindrücklich daran, wie wichtig dieser Glaube ist.

Gott hat große Freude daran, wenn wir ihm Glauben schenken und ihm unser Vertrauen aussprechen. Und er möchte unser Belohner sein. Wow! Gott möchte dich belohnen für deinen Glauben. Das ist ein geistliches Prinzip, das uns direkt zurückführt zu JAM 5/16.

Wenn wir diese Verheißung ernst nehmen, wenn wir bekennen, beten und glauben, dass ER Heilung bringt, dann wird ER uns auch belohnen – und Wiederherstellung schenken. Das glaube ich, und zugleich wünsche ich mir, in diesen Glauben noch tiefer hineinzuwachsen. Wenn wir die Evangelien studieren, sehen wir, wie Jesus Menschen für ihren Glauben tatsächlich belohnt hat.

Schauen wir uns einige dieser Bibelstellen gemeinsam an.

Darauf sagte Jesus zu dem Hauptmann: „Du kannst gehen! Was du mir zugetraut hast, soll geschehen!" Und zur selben Zeit wurde der Diener gesund.

Matthäus 8:13

„[...]meine Tochter, dein Glaube hat dich gerettet." Im selben Augenblick war die Frau geheilt.

Matthäus 9:22

Da sagte Jesus zu ihr: „Frau, dein Vertrauen ist groß! Was du willst, soll geschehen!" Von diesem Augenblick an war ihre Tochter gesund.

Matthäus 15:28

Ist das nicht absolut fantastisch? Jesus begegnet Menschen, die ihm kindlich und bedingungslos alles zutrauen – und sie werden in ihrem Glauben belohnt. Gerade der Apostel Matthäus hat viele dieser bewegenden Begebenheiten festgehalten. Ich kann mir lebhaft vorstellen, wie er vor seinem Pergament saß, sich all diese unglaublichen Momente ins Gedächtnis rief – und sie voller Begeisterung für uns aufschrieb. Er muss das richtig gefeiert haben! Und genauso will ich es auch feiern: Gott ist gut, und er belohnt unseren Glauben. Er wird auch belohnen, wenn ein JAM an den Start geht – mit dem Ziel, Menschen aus Bindungen und dämonischen Einflüssen zu befreien. Glaube ist eine Wirklichkeit, die deinen Move in die Freiheit erst richtig lebendig macht. Durch den Glauben verändern sich unsere Lebenshashtags. Wie sehen deine Lebenshashtags wohl aus? Vielleicht so …?

#bestimmtdurchlügen

#unterderherrschaftvonpornografie

#gefangenindeneigenenleidenschaften

#meinetriebesindeingefängnis

#vonsündegetrieben

Ich kenne diese Lügen nur zu gut. Auch ich muss mich immer wieder daran erinnern, wie meine Lebenshashtags wirklich aussehen. Doch diese Lebenshashtags müssen dein Leben nicht länger bestimmen oder zerstören – denn sie sind nichts anderes als Lügenhashtags. Jesus bringt umfassende Heilung für dich. Entdecke, welche Lebenshashtags ER in dich gelegt hat und zum Leben erwecken möchte!

#diewahrheitmachtdichfrei

#unterderherrschaftdessohnes

#christushatunsbefreit

#dergeististfreiheit

#vondersündebefreit

#echtefreiheitdurchdensohn

#ingottistruhe

Es gibt sicher noch viele weitere kraftvolle Lebenshashtags, die du in der Bibel entdecken kannst. Ich ermutige dich, sie selbst zu suchen und dich vom Heiligen Geist führen und offenbaren zu lassen. Auch für die bereits genannten Hashtags gibt es passende Bibelstellen, die wir uns gemeinsam anschauen und später noch vertiefen wollen. Hier eine Übersicht:

#diewahrheitmachtdichfrei

[...]die Wahrheit wird euch frei machen.

Johannes 8:32

#unterderherrschaftdessohnes

Er hat uns aus der Gewalt der Finsternismächte befreit und uns unter die Herrschaft seines geliebten Sohnes gestellt.

Kolosser 1:13

#christushatunsbefreit

Christus hat uns befreit, damit wir als Befreite leben.

Galater 5:1

#dergeististfreiheit

**Der Herr aber ist der Gottesgeist,
und wo der Geist des Herrn wirkt, ist Freiheit.**

2. Korinther 3:17

#vondersündebefreit

**Von der Sünde befreit seid ihr nun
in den Dienst der Gerechtigkeit gestellt.**

Römer 6:18

#echtefreiheitdurchdensohn

Wenn euch also der Sohn frei macht, seid ihr wirklich frei.

Johannes 8:36

#ingottistruhe

**Weil nun die Zusage, in Gottes Ruhe hineinzukommen,
immer noch gilt, müssen wir ernsthaft besorgt sein,
dass keiner von uns zurückbleibt
und das Ziel nicht erreicht.**

Hebräer 4:1

Das sind starke Aussagen, die wir im Gebet und im Glauben immer wieder beten, proklamieren und bekennen dürfen. Es sind Lebenshashtags mit Kraft, gegen die keine Lüge des Feindes bestehen kann! Reißen wir die alten Gedankenfestungen des Feindes nieder! Zersprengen wir die Stricke und Ketten, mit denen feindliche Mächte uns an sich binden wollen! Nutze diese Wahrheiten in deinem persönlichen strategischen Gebetskampf gegen die unsichtbaren Mächte, die dich fesseln wollen. Berufe dich auf die unumstößlichen Tatsachen, die Jesus in dein Leben gesprochen hat. Sprich sie auch anderen zu und bete sie über ihnen aus. Im JAM wollen wir gemeinsam erleben, wie Freiheit uns erfasst und selbst starke Bindungen allmählich schwächer werden. Glaube mit mir zusammen! Lass uns ein Believement lostreten, das Gottes Handeln und Wirken in dieser Welt offenbart.

Denn jeder, der aus Gott geboren ist,
überwindet die Welt.
Und der Sieg, der die Welt schon überwunden hat,
ist unser Glaube.
Wer sonst kann denn die Welt überwinden,
wenn nicht der, der glaubt,
dass Jesus der Sohn Gottes ist?

1. Johannes 5:4-5

Die Welt ist überwunden. Sie kann uns zweifellos noch bedrängen und herausfordern. Doch unser Glaube ist der Sieg, der die Welt mit all ihren Ängsten, Bindungen und Verletzungen überwunden hat. Diese Botschaft sollte unser tägliches Bekenntnis werden – und bleiben.

Was bewegt dich?

-

-

-

-

-

-

-

-

-

-

-

-

-

-

-

-

-

-

-

8_Nächstes Level

Okay, was nun? Wir sind gemeinsam einige wichtige Punkte durchgegangen. Du hast die Basis und das Anliegen von JAM 5/16 kennengelernt. Du liest dieses Buch, weil dich das Thema Freiheit vermutlich auf irgendeine Weise berührt oder persönlich betrifft. Wir haben die drei Checkpoints – Movement, Prayership und Believement – durchschritten. Der Sinn und Zweck dieses Buches ist es, uns zu sensibilisieren: für die mächtigen Lügen, die uns gefangen halten – und für die noch mächtigere Wahrheit, die uns freimacht.

Die Wahrheit ist immer größer – vergiss das nie!

Es sollte dir hoffentlich klar geworden sein, dass du diesen Kampf um Reinheit und Freiheit kaum alleine aufnehmen kannst – und dass du eine Gemeinschaft brauchst, die mit dir zusammensteht. Dafür gibt es hoffentlich Angebote und Gruppen in deiner Nähe – vielleicht sogar schon einen JAM.

Meine Vision ist eine Bewegung, die Gläubige und Gemeinden verändert und Menschen zum Evangelium zieht. Wenn das geschieht, werden wir wunderbare Freisetzungen erleben und sehen, wie der Heilige Geist ganz neue Ströme durch uns fließen lässt. Ich möchte dich daher ganz persönlich ermutigen:

- ✔ **bleib dran**
- ✔ **bleib nicht alleine**
- ✔ **geh weiter**

Nicht immer erleben wir Befreiung sofort. Manches ist ein Prozess, der unsere Geduld herausfordert. Daher lassen wir keinen Raum für Entmutigung! Mach dir bewusst: Du bist mit diesem Thema nicht alleine. Hole dir andere ins Boot, pflege offene und ehrliche Freundschaften und Beziehungen. Am Ende steht immer das Ziel, selbst Multiplikator zu werden – vielleicht gründest du sogar einen eigenen JAM.

Was bei der Gründung eines JAMs zu beachten ist, werden wir uns noch anschauen.

Doch zunächst: Was ist deine persönliche Vision? Diese Frage solltest du vor Gott und dir selbst ehrlich beantworten.

9_Lebenshashtags

Wir wollen uns nun den Lebenshashtags widmen. Das bedeutet: Wir werden es mit starken Aussagen aus Gottes Wort zu tun bekommen. Es sind deine neuen Lebenshashtags! Ich möchte dich in meine Gedanken zu diesen geistlichen Wahrheiten mit hineinnehmen. Gerne kannst du sie in einem 7-Wochen-JAM verwenden. Vielleicht führt dich der Heilige Geist aber auch darüber hinaus, und du bekommst zusätzliche Impulse – kein Problem!

Meine folgenden Ausführungen sollen lediglich Hilfestellung und Anregung sein. Vielleicht liest du dieses Buch auch allein, ohne Teil eines JAMs zu sein. Dann empfehle ich dir, pro Woche einen Lebenshashtag durchzugehen und dir viel Zeit zu nehmen, um über die geistlichen Wahrheiten zu beten und zu meditieren. Lass dich vom Heiligen Geist in die Wahrheit und Kraft des Wortes Gottes leiten. Ich habe immer wieder Fragen eingebaut, die dir helfen sollen, bestimmte Dinge und Umstände in deinem Leben zu reflektieren. Nimm dir wirklich Zeit und Ruhe dafür und entdecke, was der Heilige Geist dir offenbaren möchte.

Vielleicht entscheidest du dich danach, einen JAM zu gründen oder doch Teil eines bereits bestehenden JAMs zu werden. Das ist in jedem Fall ein guter Schritt. Meine Empfehlung: Bleib nicht alleine!

Und nun: Stellen wir uns den befreienden Wahrheiten Gottes!

9 .1_#diewahrheitmachtdichfrei

→ **7-Wochen-JAM Tag 1**

→ **Impuls zu Johannes 8:32**

Abhängigkeiten, Bindungen und Süchte begegnen uns tagtäglich. Menschen leiden unter Bindungen – ob sie es bewusst wahrnehmen oder nicht. Und das ist nicht nur in der Welt ein großes Problem, sondern auch in der Kirche. Viele Gläubige leben noch mit Bindungen in ihrem Leben, doch es wird nur sehr wenig darüber gesprochen. Besonders Bindungen aus dem sexuellen Bereich werden selten thematisiert. Die Gründe dafür sind nachvollziehbar: Scham- und Schuldgefühle haben eine große Macht. Aber das Thematisieren allein ist nur die eine Seite. Eine Predigt von der Bühne kann etwas anstoßen – ist aber noch lange nicht die wirkliche Lösung. Entscheidend ist, wie wir mit den Bindungen umgehen und vor allem, wie wir sie überwinden und brechen!

Ich glaube ganz bestimmt: Gott will seine Gemeinde mehr und mehr reinigen! Und es liegt an uns, dies konsequenter anzugehen. Dazu möchte ich auch dich ermutigen. Ich weiß nicht, welche Wegstrecke du bereits gegangen bist, um frei zu werden. Aber ich ermutige dich definitiv, dranzubleiben und nicht aufzugeben, denn genau das ist es, was die geistlichen Mächte dieser Welt gerne sehen wollen: deine Resignation.

Doch hier ist die bahnbrechend gute Nachricht: Es gibt Freiheit! Absolut real! Ganz gleich, was du bereits hinter dir hast oder wie lange du schon mit einer Bindung zu kämpfen hast – das ist Vergangenheit. Nimm bewusst diese Position ein: Es ist Vergangenheit!

Der Apostel Paulus hatte eine starke Fokussierung nach vorn, von der wir viel lernen können. Diese Einstellung begegnet uns besonders im Brief an die Philipper.

**Ich vergesse was dahinten,
strecke mich aber aus nach dem, was vorn ist,
und jage auf das Ziel zu...**

Philipper 3:13-14

Zeit für (d)einen Startschuss in eine neue Ära! Und die hat absolut nichts mehr mit deiner Vergangenheit zu tun. Die Vergangenheit liegt jetzt hinter dir! Strecke dich aus, nach dem, was vor dir liegt. Und dazu möchte ich mit dir den ersten Lebenshashtag betrachten. Wir finden ihn im Johannesevangelium 8:32.

**Ihr werdet die Wahrheit erkennen,
und die Wahrheit wird euch frei machen.**

Johannes 8:32

Vielleicht fragst du dich: Was ist eigentlich Wahrheit? Eine Frage, die schon Pilatus, der römische Stadthalter, der Jesus später kreuzigen ließ, auf dieselbe Weise stellte. In Johannes 18:38 wird überliefert, wie er Jesus fragt:

Was ist Wahrheit?

Johannes 18:38

Offensichtlich kam er für sich selbst zu keiner schlüssigen Antwort. Und plötzlich steht jemand vor ihm – Jesus –, der ihm zu verstehen gibt, dass er selbst die Wahrheit ist.

1 Was ist deine Wahrheit? Wie sieht deine Lebenswahrheit aus?

2 Wie sähen deine Lebenshashtags aus, wenn du sie jetzt aufschreiben würdest?

3 Spiegeln sie die Wahrheit wider oder repräsentieren sie die Lüge in deinem Leben?

Mit einem Hashtag findest du Informationen gezielter und in gesammelter Form im Netz oder in den sozialen Medien. Unter welchen Informationen würde man dich oder dein Leben finden? Welche Hashtags gäben gezielte Infos über dein Leben?

Sehen diese Hashtags vielleicht so aus – oder wie die in Kapitel 7 aufgeführten?

#ichbingebunden

#lebeninabhängigkeit

#ichbingetrieben

#insuchtgefangen

Ich bin mir sicher, dass du die Hashtags für dich noch weiter vertiefen, konkretisieren und ergänzen könntest. Es ist ungemein wichtig, dass wir verstehen, wo Lügen – also Fake News – unser Leben prägen oder sogar bestimmen.

Dabei wird es Zeit, die Wahrheit in dein Leben zu lassen!

Vergiss die Lügen der Vergangenheit – es ist Zeit für etwas völlig Neues! In den meisten Fällen ist es ein Prozess des Hineinwachsens in die Wahrheiten Gottes – so wie wir im Glauben selbst wachsen. Es kann dauern, bis die wirklich mächtigen Gedankengebäude – so nennt Paulus die Lügen in unserem Herzen – eingerissen werden können. Und ja: Auch als Gläubige können wir tatsächlich mit vielen Lügen herumlaufen, uns mit ihnen herumschlagen, ohne dass es uns wirklich bewusst ist. Genau dafür möchte ich dich sensibilisieren! Ganz gleich, wie deine aktuellen Lebens- oder Lügenhashtags aussehen mögen – es muss nicht so bleiben. Gott hat andere Lebenshashtags für uns. Und damit kommen wir wieder zurück zu unserem Lebenshashtag aus dem Johannesevangelium.

#diewahrheitmachtdichfrei

Was ist das also für eine Wahrheit, die uns wirklich frei macht und von der Jesus hier spricht? Es ist eine Wahrheit, die du tatsächlich downloaden kannst – vollkommen kostenfrei, vollkommen legal. Lass das Alte hinter dir, lass deine Lügen los! Wende dich der Wahrheit Gottes zu! Der Button „Wahrheit" blinkt unaufhörlich für dich – es ist der Button, der dein Leben völlig verändert! Es ist die Wahrheit, die dich wirklich frei macht. Bedingung: Du musst sie erkennen, sie in dein Leben, in dein Herz lassen und im Glauben annehmen. Damit steht immer noch die Frage im Raum: Was ist denn diese Wahrheit!? Darauf gibt es nur eine einzige Antwort – eine Antwort, die allein Jesus geben kann.

Ich bin der Weg, die Wahrheit und das Leben!

Johannesevangelium 14:6

Das ist es, was Jesus über sich selbst aussagt! Er ist die Wahrheit! Er ist die Wahrheit, die dein Leben verändern kann und wird, wenn du ihm vertraust – wenn du ihm glaubst. Auch in den Lebensbereichen, in denen immer noch die Lüge Macht und Einfluss über dein Denken und Leben hat. Jesus wusste – und weiß es bis heute – dass wir als Menschen immer wieder dazu neigen, seine Wahrheiten zu bezweifeln.

Wenn ich aber die Wahrheit sage, warum glaubt ihr mir dann nicht?

Johannesevangelium 8:46

Eine starke Aussage! Eine Aussage, der wir uns immer wieder stellen sollten: Wie sehr glauben wir dem, was Jesus uns an Wahrheiten schenken möchte? Ich habe viele Jahre damit verbracht, Jesus zu bitten, mir zu helfen, endlich in Freiheit zu kommen und meine Bindungen hinter mir zu lassen. Um alles in der Welt wollte ich frei werden! Und wenn ich ehrlich bin, habe ich auch gerne im Selbstmitleid gebadet: „Ich armer Mensch, der da nicht alleine klarkommt, und Jesus hilft einfach nicht…"

Es hat dann etwa 30 Jahre gedauert, bis ich endlich an einen Punkt kam, an dem ich betete, während ich vor einem großen Holzkreuz kniete. Ich war wieder im üblichen Jammern über meine Umstände vertieft, als der Heilige

Geist mir plötzlich etwas deutlich machte: *Jesus wird mir nicht mehr helfen...*

...weil er es schon getan hat.

Was für eine Erkenntnis! Jesus hat alles gesetzt! Er hat am Kreuz alles geklärt! Er hat die Freiheit bereits für mich errungen und möglich gemacht. Die Frage ist: Wie sehr habe ich das im Glauben schon erkannt und angenommen? Und wie sehr hast du diese Wahrheit im Glauben anerkannt und angenommen? Jesus sagt von sich, dass er die Wahrheit ist – und dass die Wahrheit uns frei macht. Das darfst du glauben, und das kannst du annehmen! Ohne Einschränkung! Beachte diesen wichtigen Punkt auch für dein Leben: Er wird dich nicht erst frei machen – Er hat es schon getan!

Ich gebe dir nun diesen neuen Lebenshashtag an die Hand – den ersten von sieben Lebenshashtags, die ich dir zusprechen möchte.

#diewahrheitmachtdichfrei

Diese geistliche Wahrheit verändert unser Leben, wenn wir sie annehmen und über die Fake News in unserem Leben aussprechen und proklamieren. Proklamieren bedeutet: es auszurufen und öffentlich bekannt zu machen! Es ist (d)eine Kampfansage an die Mächte und Kräfte in deinem Leben, die nichts lieber wollen, als dich in Gebundenheit zu halten. Paulus konfrontiert uns in seinem Brief an die Gemeinde in Ephesus mit der Realität dieser geistlichen Mächte.

**Wir kämpfen ja nicht
gegen ‹Menschen aus› Fleisch und Blut,
sondern gegen dämonische Mächte und Gewalten,
gegen die Weltherrscher der Finsternis,
gegen die bösartigen Geistwesen
in der unsichtbaren Welt.**

Epheser 6:12

Das ist Programm, wenn wir mit Jesus unterwegs sind. Allein kommen wir nicht gegen die Mächte und Gewalten an. Aber gegen die Wahrheit von Jesus kommen sie nicht an. Jesus hat am Kreuz über sie triumphiert. Es ist auch eine Kampfansage an unser altes Ego – die Bibel nennt es den alten Menschen. Und wir lesen, dass wir mit Christus gekreuzigt sind. Ganz praktisch heißt das: Wir glauben, dass Jesus die Wahrheit ist, und nehmen seine Wahrheit sowie seinen stellvertretenden Tod am Kreuz für uns in Anspruch. Glaubensbasic, ich weiß. Aber es gibt Wahrheiten, die man nicht oft genug wiederholen kann. Wir leben nicht mehr aus uns selbst, sondern Jesus lebt in uns. Er ist es, der unser Leben mehr und mehr verändert und uns dazu befähigt, den Lügenhashtags nicht länger hinterherzulaufen.

Fange du mit diesem ersten Lebenshashtag an und mache ihn dir zu eigen. Es ist dein Statement! Ruf und sprich ihn laut aus. Mache ihn bekannt. Sprich die Wahrheit aus Johannes 8:32 in die sichtbare und unsichtbare Welt hinein. Sprich die Wahrheit deiner eigenen Seele zu! Du darfst diese Wahrheit annehmen, du darfst sie glauben und ganz praktisch erleben! Mach diesen Step, mach dein Movement. Es ist dein Move in die Freiheit!

9.2_#unterderherrschaftdessohnes

→ **7-Wochen-JAM Tag 2**

→ **Impuls zu Kolosser 1:13**

———

Nach dem letzten Lebenshashtag wollen wir uns nun Zeit für die nächste wichtige geistliche Wahrheit nehmen. Es ist entscheidend, dass du den ersten Lebenshashtag nicht vergisst, sondern ihn verinnerlichst, denn alle Lebenshashtags stehen im Zusammenhang und bauen aufeinander auf. Ein Aspekt ist dabei besonders bedeutend, den wir genauer betrachten wollen: Menschen, die in Bindungen leben, sind – ob sie es wollen oder nicht – Teil eines Herrschaftssystems, eines Einflussbereiches, der ihnen mehr oder weniger schadet. Ein Mensch lebt niemals völlig unabhängig. All seine Bestrebungen, in dieser Welt frei zu sein, sind dennoch an ein Herrschaftssystem gebunden. Dies kann sein: eine Ideologie, eine Philosophie, ein politisches System, der herrschende Zeitgeist – und nicht zuletzt das Herrschaftssystem dieser gefallenen Welt. Das bedeutet: Menschen gehören damit zu einer Regierung, die sie nicht selten irgendwann selbst gewählt haben – bewusst oder unbewusst.

Auch Gläubige können in verschiedenen Bereichen ihres Lebens noch unter Bindungen stehen, in Abhängigkeiten, weil sie in bestimmten Bereichen ihres Lebens noch Fremdherrschaft zulassen. Wenn wir uns mit Herrschaftssystemen beschäftigen, sollten wir dort anfangen, wo wir sind: in der Welt. Die Welt ist eine Schöpfung Gottes, und er hat grundsätzlich das letzte Wort über seine Schöpfung. Der Mensch wurde in diesem Herrschaftssystem nicht als Marionette angelegt, sondern als ein echtes Gegenüber Gottes. Er war und ist dazu bestimmt, in einer Beziehung zu Gott zu leben – mit dem Geschenk des freien Willens. Leider haben die ersten Menschen eine drastische und lebensverändernde Entscheidung getroffen, die nicht nur sie selbst, sondern auch alle nachfolgenden Generationen und die ganze Schöpfung betrifft. Ich denke, keiner von uns hätte es in irgendeiner Art besser gemacht. Es kam, wie es kommen musste: Sie haben sich von ihrer Beziehung zu Gott abgetrennt, sich aus Gottes Herrschaftsbereich herausbegeben. Und warum? Weil sie auf ein Versprechen hereingefallen sind – sie könnten selbst wie Gott sein und damit vollkommene Freiheit und Unabhängigkeit erlangen. Das ist krass, aber leider Realität. Sie haben den Herrschaftsbereich Gottes verlassen – einen geschützten Raum, in dem wirklich vollkommene Freiheit herrschte. Der Mensch hatte ungeahnte Möglichkeiten und in Gott immer einen verlässlichen Ansprechpartner. Doch Adam und Eva haben das nicht erkannt. Sie ließen die Lüge zu ihrer bestimmenden Denkweise werden: Es sei besser, von Gott unabhängig zu sein.

Die Bibel bezeichnet dies als den Sündenfall – den Beginn ihres Lebens in der Lüge, der so aussah:

> Aber Gott weiß genau,
> dass euch die Augen aufgehen [...].
> Ihr werdet wissen, was gut und böse ist,
> und werdet sein wie Gott.
>
> **Mose 3:5**

Als Adam und Eva diese Lüge in ihr Leben, ihr Herz und ihre Denkweise ließen – trotz aller Warnungen, die Gott ihnen vorher mit auf den Weg gegeben hatte – kam der unvermeidliche Bruch. Der Mensch stand nun nicht mehr unter dem Protektorat Gottes, sondern unter der Herrschaft der Lüge – und damit auch unter Satan. Jesus sagt uns deutlich, wo der Ursprung der Lüge liegt.

Euer Vater ist nämlich der Teufel,
und ihr wollt das tun, was euer Vater will.
Er war von Anfang an ein Mörder
und hat die Wahrheit immer gehasst,
weil keine Wahrheit in ihm ist.
Wenn er lügt, entspricht das seinem ureigensten Wesen.
Er ist der Lügner schlechthin und der Vater jeder Lüge.

Johannes 8:44

Das bedeutet nichts anderes, als dass der Mensch mit seiner Trennung von Gott und dem Sündenfall nicht mehr frei war. Frei war er vorher. Mit seiner Abkehr von Gottes Herrschaft stand er nun unter der Herrschaft der Lüge – und des Vaters der Lüge, des Satans. Damit hat der Mensch gleichzeitig auch seine Herrschaft über den für ihn bestimmten Lebensraum – diese Welt – an den Satan abgegeben.

... in denen ihr einst wandeltet
gemäß dem Zeitlauf dieser Welt,
gemäß dem Fürsten der Macht der Luft, des Geistes,
der jetzt in den Söhnen des Ungehorsams wirkt.

Epheser 2:2

Doch es ist wichtig zu wissen: Der Satan mit seinen gefallenen Engeln und seinem Heer an Dämonen kann nicht einfach beliebig handeln. Er steht niemals auf Augenhöhe mit Gott. Er kann nur so weit gehen, wie Gott es zulässt – und Gott lässt es nur so weit zu, wie es sich die Menschen selbst gewählt haben. Genauso liegt es auch an uns, wo wir uns in unserem Leben für falsche Einflüsse öffnen und ihnen Spielraum geben. Doch wenn wir mit Jesus ein neues Leben begonnen haben und in Christus von neuem geboren wurden, dann sind wir gerettet. Mit dieser Rettung sind wir wieder Teil des Reiches Gottes und stehen unter dem Schutz seines Protektorats. Diese Tatsache versetzt uns in die Lage, wieder mehr in die Freiheit und Wahrheit hineinzuwachsen, für die wir ursprünglich geschaffen wurden – und damit die Lügen des Satans zu überwinden.

Hier komme ich auf den Prozess der Heiligung zu sprechen. Es ist der Prozess, in dem Gott uns verändern möchte und uns gleichzeitig dazu aufruft, sein Wirken in uns zuzulassen.

Rede zu der ganzen Gemeinde der Söhne Israel und sage zu ihnen: Ihr sollt heilig sein; denn ich, der HERR, euer Gott, bin heilig.

3. Mose 19:2

Gott drückt damit seinen Anspruch an uns aus! Wir sollten uns daher nicht zurücklehnen und denken: „Weil wir gerettet sind, ist es nicht so schlimm, wenn wir in Sünde leben." Gott hat SEINEN Anspruch an sein Volk – damals wie heute. Er möchte, dass wir ganz unter seine Herrschaft kommen. Denn Sünde trennt uns grundsätzlich von Gott.

Wenn wir als Gläubige in Sünde leben, stört das unsere Beziehung zu ihm und blockiert nachhaltig unser geistliches Wachstum. Wenn wir in Unzucht leben, ist das wie eine angezogene Handbremse: Sie trennt uns von unserer wirklichen Bestimmung, einem geheiligt Leben, und von unserer Berufung im Reich Gottes. Der Sportwagen wird nicht voll aufdrehen können, wenn gleichzeitig alle Bremsen aktiv sind.

1 *Welche Bremsen hindern dich am Durchstarten?*

2 *Was kannst du tun, um diese Bremsen zu lösen?*

Eine effektive Methode, die Bremsen zu lösen, ist Bekennen! Jesus hat dafür gesorgt, dass wir unsere Sünden bekennen können und wir sicher sein dürfen, dass er wieder alles auf *Reset* stellt! Das ist genau das Prinzip von JAM 5/16: Erinnerst du dich?

- **Bekennt eure Sünden,**

- **betet füreinander,**

- **damit ihr geheilt werdet.**

Bekennen ist ein nötiger Schritt, um in Freiheit zu kommen. Und es ist Gottes Plan, uns weiter zu heiligen. Die Korinther (siehe die Korintherbriefe) haben es sich anders gedreht: Sie waren überzeugt, dass sie, weil sie gerettet sind, leben können, wie sie wollen – schließlich haben sie doch die Gnade. Ihr Leben lief dadurch völlig aus dem Ruder, so sehr, dass selbst Nichtgläubige über das Leben dieser „Gläubigen" zu reden begannen. So funktioniert Gottes Gnade aber natürlich nicht, denn Gott ist kein Vergebungsautomat. Wir sollten uns nichts vormachen: Sünde ist und bleibt Sünde, und sie trennt uns von einer guten Beziehung zu Gott, dem Vater. Darum sind wir aufgefordert, Buße zu tun – immer wieder. Ich erlebe täglich zahlreiche Situationen, in denen ich oft erst im Nachhinein registriere: „Das war Mist!" Es ist wichtig, zu bekennen und zu seinen Fehlern zu stehen. Wir müssen lernen, Verantwortung für unser Leben und Handeln zu tragen!

Wie geht es dir mit diesem Anspruch, den Gott im 3. Mose an sein Volk ausdrückt?

❶ *Ist dir der Anspruch Gottes an sein Volk (heilig zu sein) überhaupt bewusst?*

❷ *Wie gehst du damit um?*

Die gute Nachricht ist: Gott lässt uns mit seinem Anspruch nicht allein! In Christus entsprechen wir seinem Anspruch bereits! Wir stehen unter der Herrschaft des Sohnes, was uns allerdings nicht vom Prozess der Heiligung entbindet. Und damit kommen wir zu deinem neuen Lebenshashtag.

Ein notwendiger Lebenshashtag für eine erneuerte Denkweise. Dieser Lebenshashtag steht im Kolosserbrief.

Er hat uns aus der Gewalt der Finsternismächte befreit und uns unter die Herrschaft seines geliebten Sohnes gestellt.

Kolosser 1:13

Das, was wir Menschen durch den Sündenfall verloren haben, hat Gott uns durch Christus wieder möglich gemacht. Wir leben im Glauben unter der Herrschaft des Sohnes – das bedeutet konkret: unter der Herrschaft Gottes. Jesus hat von sich selbst gesagt: „...der Vater und ich sind eins!" In Christus hat die Wiederherstellung stattgefunden. Und wenn wir unter der Herrschaft des Sohnes leben, dann haben wir unweigerlich das Verlangen und den Wunsch, mehr dieser Herrschaft und diesem Leben in Christus zu entsprechen.

Ich komme damit noch einmal auf das Modell der Dreieinigkeit des Menschen zurück. Du erinnerst dich hoffentlich daran:

- Im *Geist* sind wir unter der Herrschaft des Sohnes – heilig, gerettet, frei!

- Der *Leib* wird erst erneuert, wenn wir in der Ewigkeit sind.

- Die *Seele* ist der Bereich, der Geist und Körper miteinander verbindet. Sie ist der Bereich unserer Moral, unserer Wünsche, unseres Verlangens. Die Bibel spricht oft vom Herzen, wenn sie von dieser menschlichen Ebene spricht.

In unserer Seele und unserem Körper gibt es Bereiche, die noch nicht alle unter der Herrschaft des Sohnes stehen. Es ist unsere Aufgabe, die wir im Geist schon Teil des göttlichen Herrschaftssystems geworden sind, uns immer mehr von den falschen Einflüssen und dem Herrschaftssystem der Lüge zu lösen.

Wir werden natürlich niemals Vollkommenheit in dieser Welt erreichen, aber dennoch sind wir aufgefordert, uns immer mehr zu reinigen – genauer gesagt, reinigen zu lassen. Dabei ist es mir wichtig, Folgendes zu betonen: Es wird nicht ohne Widerstände laufen – Angriffe, Entmutigungen, Krankheit, Ängste. Und glaub mir, ich weiß, wovon ich rede. Je mehr ich geistlich vorankam, umso heftiger wurden auch der Gegenwind und die Angriffe. Denn die feindlichen Mächte wollen nicht, dass wir an Freiheit gewinnen. Sie wollen nicht, dass wir an geistlicher Autorität zunehmen, und werden versuchen, es um jeden Preis zu verhindern. Dabei sind sie leider sehr kreativ und werden alles daran setzen, dich auf irgendeiner Ebene zu blockieren.

Meiner Erfahrung nach scheinen die Angriffe zunächst gar nicht direkt mit dem Kampf um unsere Freiheit zusammenzuhängen. Mir selbst ist dies erst allmählich bewusst geworden, nachdem ich ein gewisses Muster in den Angriffen erkennen konnte. Lass dich aber nicht einschüchtern. Der Weg der Freiheit ist der richtige Weg. Und du tust gut daran, ihn zu gehen. Niemand behauptet, dass der Weg leicht ist – die Nachfolge Jesu fordert immer alles. Doch geh weiter, Schritt für Schritt.

Durch Bekennen, gemeinsames Beten und den Glauben an Heilung kannst du immer weiter in die Freiheit des Geistes hineinwachsen. Aber gehe diesen Weg nicht alleine!

9.3_#christushatunsbefreit

→ **7-Wochen-JAM Tag 3**

→ **Impuls zu Galater 5:1**

In diesem Lebenshashtag warten wieder einmal starke Worte auf uns. Paulus schrieb sie in seinem Rundbrief an wahrscheinlich mehrere Gemeinden in der Region Galatien. Ich möchte direkt zum Vers kommen.

**Christus hat uns befreit,
damit wir als Befreite leben.
Bleibt also Standhaft
und lasst euch nicht wieder
in ein Sklavenjoch spannen.**

Galater 5:1

Wir sind hier mit einer absolut bahnbrechenden geistlichen Wahrheit konfrontiert: Christus hat uns befreit!

Was mir dabei besonders bedeutungsvoll erscheint: Beachte bitte die Zeitform! Es handelt sich um Vergangenheit. Er hat uns befreit – nicht „er wird", nicht „er möchte", nicht „er plant uns zu befreien" – er hat uns befreit! Das ist der Hammer! Wir sind befreit. Du bist befreit! Jeder ist befreit, der sein Leben Jesus übergibt. Jeder ist befreit, der an den Namen Jesus glaubt, denn es ist der einzige Name, in dem wir Menschen Befreiung und Rettung finden können. Vier kleine Worte, in denen absolute Kraft liegt. *Denn die Wahrheit, die uns das Wort Gottes offenbart, ist größer als alles, was uns in unserem Leben binden will.*

Lies den letzten Satz noch mal!

Pornografie, Sexsucht, okkulte Bindungen, dämonische Belastungen, Bitterkeit, Unversöhnlichkeit, depressive Verstimmungen, Angststörungen: Es gibt viele Kräfte, die nur ein Ziel haben: Menschen zu binden und zu zerstören. Und dann sind da noch unsere eigenen Begierden, die auf alles Mögliche in dieser Welt gerichtet sein können: Sex, Macht, Reichtum. In der Regel lassen sich alle Begierden auf diese drei zurückführen. Diese Begierden legen uns genauso ein Sklavenjoch auf, von dem Paulus in Galater 5:1 spricht. Wir haben es also mit Mächten und Gewalten und unserem eigenen Verlangen in dieser Welt zu tun.

Wir wissen aber: Christus hat uns befreit!

Niemand, der diese Worte liest oder hört, dürfte dabei noch ruhig bleiben! Das ist es doch, was Menschen sein wollen: Frei!

1 *Wie wirken diese Worte von Paulus auf dich?*

2 *Was löst diese Tatsache in dir aus?*

Ich glaube, wir leben in vielen Bereichen unseres Lebens an dieser Glaubenswahrheit des Paulus vollkommen vorbei. Und ich denke, der Grund ist der, dass wir nicht genug glauben. Es mangelt uns an Vertrauen in diese Wahrheit. Paulus schreibt an anderer Stelle an seinen Schüler Timotheus folgendes:

**Wenn jemand an einem sportlichen Wettkampf teilnimmt,
kann er nur dann den Siegeskranz gewinnen,
wenn er sich an die Regeln gehalten hat.**

2. Timotheus 2:5

Paulus spricht hier natürlich über den Glaubenskampf und die Nachfolge, nicht über ein anstehendes Sportereignis. Um den geistlichen Siegeskranz zu gewinnen, sind wir angehalten, unsere Nachfolge gezielter anzugehen. So wie ein Sportler hart trainiert, um das Ziel zu erreichen, das er sich zuvor gesetzt hat – und weswegen er überhaupt den Wettkampf antritt. Er hat dabei immer den Sieg vor Augen. Das Bild des Siegeskranzes begegnet uns tatsächlich an mehreren Stellen in der Bibel. Nicht nur Paulus greift es auf. Werfen wir daher einen Blick auf weitere Verse.

**Wisst ihr denn nicht,
dass von allen Läufern bei einem Wettkampf im Stadion
nur einer den Siegeskranz bekommt.
Darum lauft so, dass ihr ihn bekommt!
Jeder Wettkämpfer verzichtet auf viele Dinge,
nur um einen vergänglichen Siegeskranz zu bekommen.
Wir aber werden einen unvergänglichen erhalten.**

1. Korinther 9:24+25

**Wie glücklich ist der, der die Erprobung standhaft erträgt!
Denn nachdem er sich so bewährt hat,
wird er den Siegeskranz des Lebens erhalten,
den Gott denen versprochen hat, die ihn lieben.**

Jakobus 1:12

Bleib mir treu bis zum Tod!
Dann gebe ich dir den Siegeskranz des Lebens.

Offenbarung 2:10b

Ich komme bald. Halte fest, was du hast,
damit dir niemand deinen Siegeskranz nimmt.

Offenbarung 3:11

Diese Stellen sollen reichen. Tatsächlich gibt es noch weitere, die sich mit dem Thema Siegeskranz beschäftigen. Paulus schrieb im 2. Timotheusbrief von Regeln, die eingehalten werden sollen, um den Siegeskranz am Ende des Kampfes wirklich auch in den Händen zu halten. In den Versen, die wir danach gelesen haben, finden wir wichtige Informationen zu diesen Regeln. Sie sind entscheidend für unseren Kampf um Reinheit und Freiheit! Daher sollten wir sie unbedingt verinnerlichen. Mach dich bereit für dein Training. Im 1. Korinther 9:24–25 steht: *„Lauft so, dass ihr ihn bekommt."*

Mit anderen Worten: Wir sind aufgefordert, Einsatz zu zeigen. Gott ist absolut gnädig, und wir sind aus seiner Gnade heraus gerettet und befreit worden. Und trotzdem ist es keine billige Gnade – sie erfordert auch unseren Einsatz. Klingt vielleicht widersprüchlich auf den ersten Blick? Doch pass auf: Jakobus benennt diese Tatsache in seinem Brief sehr drastisch. Er sagt:

Glauben ohne Werke ist tot!

Jakobus 2:26

Zu glauben, wir seien frei von unseren Bindungen, aber so zu leben, als wären wir gebunden, das ist Glauben ohne Werke! Das ist ein Wettkampf, in dem wir nicht nach den Regeln kämpfen. Schauen wir uns daher noch weitere essenzielle Regeln für unseren Wettkampf an! Im Jakobusbrief, Kapitel 1:12, lesen wir von der Aufforderung, *„standhaft zu sein und uns zu bewähren"*. Wenn wir dazu aufgefordert werden, standhaft zu sein, dann müssen wir im Umkehrschluss auch davon ausgehen, dass es möglich ist! Wir wissen bereits aus den letzten Impulsen und den vorherigen Lebenshashtags: In Christus ist alles gesetzt! Wir dürfen aus einer übernatürlichen Kraft heraus leben – einer Kraft, die uns wirklich und erfahrbar standhaft sein lässt. Es ist von großer Bedeutung, dass wir diese geistliche Wahrheit verinnerlichen und ihr erlauben, unser Denken und unsere Gesinnung nachhaltig zu prägen.

Bereit für die nächste Regel? Wenn nicht, geh die vorherigen noch einmal durch. Du bist bereit? Dann weiter.

In Offenbarung 2:10 werden wir von Jesus aufgefordert ihm trei zu bleiben. Er fordert unmissverständlich die Treue seiner Nachfolger ein! Warum fällt uns das so schwer? Wenn ein Coach seinen Schützling anfeuert, dann tut er es, um ihn zu ermutigen und zum Sieg zu führen. Wenn Jesus ruft: *„Bleib mir treu …"*, dann genau deshalb, um dich anzuspornen. Er hat alles in dich investiert. Er ist dein Coach, und er hat nicht vor, dich emotional unter Druck zu setzen, sondern möchte dich ernsthaft verändern und sehen, wie du vorankommst. Unter falschen Druck gesetzt fühlen wir uns, wenn wir davon ausgehen, wir könnten irgendetwas mit unserer Kraft zur Lösung des Problems beitragen. Und dann wird es religiös. Und wenn es religiös wird, dann ist unsere Nachfolge nur noch Schein. Denn dann geht es um uns, unsere Bedürfnisse, wozu wir selbst fähig sind und nicht mehr um die Treue zu dem, der uns trainiert und befähigt hat. Daher wollen wir immer darauf bedacht sein, uns allein auf Jesus zu fokussieren.

Eine letzte Regel schauen wir uns noch an!

In Offenbarung 3:11 sehen wir uns mit einer erneuten Aufforderung durch Jesus konfrontiert: Wir sollen das, was wir von ihm erhalten haben, festhalten. Etwas, das wir durch unser eigenes Bemühen oder durch verkrampfte Religiösität niemals erreichen könnten: Gnade! Gnade, um uns an die Regeln des Wettkampfes halten zu können. Gnade ist die Rettung am Kreuz, aber Gnade ist es auch, mehr Freiheit im Leben zu erlangen und in ihr zu leben. Darum fordert Paulus seinen Schüler Timotheus dazu auf, stark in der Gnade zu sein.

...sei stark in der Gnade, die uns in Jesus Christus gegeben ist.

2. Timotheus 2:1

Halte fest! Sei auch du stark in dieser Gnade, die dir gegeben ist. Ich halte all diese Regeln, die wir gerade gemeinsam durchgegangen sind, die unseren geistlichen Wettkampf betreffen, für äußerst bedeutungsvoll. Wir tun gut daran, sie für unseren Glaubenskampf zu berücksichtigen. Wenn du dich ins Bibelstudium begibst, wirst du ganz sicher noch viele weitere wichtige Wettkampfregeln finden.

Ich möchte es an dieser Stelle jedoch bei den oben genannten Regeln belassen. Trainiere sie konsequent und
bleib offen für neue Impulse, damit dein Trainingsplan
sich nach und nach weiterentwickeln kann.

❶ *Wie geht es dir in deinem Wettkampf?*

❷ *Lebst du einen Glaubenskampf oder einen Glaubenskrampf?*

❸ *Welche neuen Erkenntnisse kannst du für dich gewinnen?*

Kommen wir wieder zurück zu unserem aktuellen Lebenshashtag aus Galater 5:1.

#christushatunsbefreit

Keine Leidenschaft, keine Begierde, keine Bindung, keine
Macht ist größer als diese geistliche Wahrheit! Es ist das
Auferstehungsleben Jesu, das in dir wirkt – und dieses
Auferstehungsleben hat Sprengkraft! Es hat das Grab Jesu
aufgesprengt – und genauso geht es jeder Bindung, jedem Anspruch, den die Mächte der Welt an uns geltend
machen wollen. Sie werden, genauer gesagt, sie wurden
aufgesprengt. In deinem Leben kann es nichts Größeres
geben als diese Wahrheit! Darum kannst du als Befreiter
leben – das spreche ich dir zu. Du musst nicht immer im
gleichen Fahrwasser bleiben. Dein Leben muss kein Teufelskreis sein. Du hast jetzt die Möglichkeit, die Spur zu
wechseln, denn: Christus hat uns befreit! Doch damit sind
wir mit der Betrachtung von Galater 5:1 noch längst nicht
fertig. Paulus führt seine Gedanken nach dieser grandio-
sen Proklamation noch weiter aus – ganz einfach, weil er

weiß, wie schnell wir wieder in alte Gedankenmuster verfallen und die Lügen glauben, dass wir nicht frei sind. Er schreibt: *„Bleibt also standhaft und lasst euch nicht wieder in ein Sklavenjoch spannen."*

Lege diese Freiheit, die du in Jesus erhalten hast, nicht wieder ab, um dich erneut zu einem Sklaven deiner Bindungen zu machen. Der Apostel Petrus schrieb hierzu eine wichtige Sache:

Denn von wem ich mich überwältigen lasse, dessen Gefangener werde ich.

2. Petrus 2:19

In Jesus ist die Freiheit. Wenn wir uns von unseren Bindungen wieder überwältigen lassen, machen wir uns erneut zu Sklaven von Pornografie, Sex, Prostitution – und damit letztlich wieder zu Gefangenen eines dämonischen Systems. Wenn du in solch einer Situation steckst, weil du gefallen bist, dann gibt es nur einen Weg für dich: Jesus ist dieser Weg! Lege das Sklavendasein wieder ab und komm aus deiner Gefangenschaft heraus – und zwar, indem du die Freiheit proklamierst, die du in Jesus hast.

Mach deinen Move! Bekenne deine Sünde und Schuld. Dann darfst du dir sicher sein, was der Apostel Johannes in seinem ersten Brief an die Gläubigen schreibt:

> **Wenn wir unsere Sünden eingestehen,**
> **zeigt Gott, wie treu und gerecht er ist:**
> **Er vergibt uns die Sünden**
> **und reinigt uns von jedem begangenen Unrecht.**
>
> **1. Johannes 1:9**

Und dann heißt es weitermachen! In deiner neuen *Standhaftigkeit* als Befreiter zu leben und weiter in diese kraftvolle Wahrheit hineinzuwachsen.

9.4_#dergeististfreiheit

→ **7-Wochen-JAM Tag 4**

→ **Impuls zu 2. Korinther 3:17**

———

Kommen wir zum nächsten bedeutenden Lebenshashtag und schauen uns an, was Gott uns an Wahrheit vermitteln möchte.

———

**Der Herr aber ist der Geist,
und wo der Geist dieses Herrn wirkt, ist Freiheit!**

2. Korinther 3:17

Wieder so ein Lebenshashtag, den du vielleicht schon unzählige Male gelesen hast. In der Tat handelt es sich um einen Vers, der sehr bekannt ist. Dennoch ist es möglich, einfach über ihn hinwegzulesen, ohne seine kraftvolle Wahrheit zu erfassen. Vielleicht liegt es daran, dass er so vertraut ist. Aber nur, weil ein Vers sehr bekannt ist, bedeutet das noch nicht, dass wir seine geistliche Bedeutung umfänglich verstanden haben. Was ist mit dir?

1 *Verbindest du etwas mit diesem Vers? (wenn ja, was?)*

2 *Wie kann der Geist in deinem Leben wirken?*

3 *Schreib deine Gedanken zur Freiheit auf und definiere Freiheit für dich.*

Wie bei so vielen Aussagen aus Gottes Wort, können wir auch hier wieder wesentlich mehr an Bedeutungstiefe und geistlicher Wahrheit für uns herausholen, als man auf den ersten Blick meinen könnte. Die Argumentationskette, die Paulus hier aufzeigt, ist immens spannend: → Herr → Geist → Freiheit

Paulus gibt uns Hinweise zur Einheit von Vater, Sohn und Geist. Aus dem Alten Testament wissen wir bereits, dass Gott Geist ist:

...und der Geist Gottes schwebte über den Wassern.

Genesis 1:2

Im Neuen Testament erfahren wir, dass Jesus mit dem Vater, also Gott (dem Geist), untrennbar verbunden ist.

Ich und der Vater sind eins.

Johannes 10:30

Also sind Jesus, der Vater und der Geist eine Einheit. Warum das so entscheidend ist, werden wir im Folgenden sehen – denn durch Christus sind wir in diese Einheit mit hineingenommen worden. Interessant wird es, wenn wir in den griechischen Urtext hineinschauen. Für Freiheit wird hier das Wort ἐλευθερία (eleutheria) verwendet. Zunächst sagt uns das vielleicht erst einmal weniger, aber die ganze Aussage dieses Verses erhält einen wesentlich tieferen Sinn, wenn wir die Wortbedeutung von ἐλευθερία (eleutheria) genauer betrachten:

Zum einen bedeutet das griechische Wort schlichtweg *Freiheit*. Doch wie definiert sich Freiheit? Wie sieht deine Definition von Freiheit aus? Ich habe mich umgeschaut, welche Facetten Freiheit eigentlich beinhaltet. Dabei stieß ich auf Schlagworte wie: Unabhängigkeit, Ungebundenheit und Ungezwungenheit.

Aber das ist noch nicht alles! Ursprünglich bedeutete das Wort, das wir mit „Freiheit" übersetzen, im Urgriechischen einen Zustand, in dem ein Mensch alle Rechte als Mitbürger hatte oder als Mitglied einer bestimmten Gruppe galt. Ich denke, Paulus war sich dieser Bedeutung ganz sicher sehr bewusst! Das bedeutet: Jemand, der frei ist, ist kein Fremder ohne Aufenthaltsrecht, kein unliebsam Geduldeter und kein Sklave. Das kommt dir möglicherweise bekannt vor?

An anderer Stelle schreibt Paulus dazu tatsächlich etwas an die Gemeinde in Ephesus.

**So seid ihr also keine Fremden mehr,
geduldete Ausländer,
sondern ihr seid Mitbürger der Heiligen
und gehört zur Familie Gottes.**

Epheser 2:19

Wir wurden adoptiert. Adoptiert zu sein bedeutet: Wir wurden als eigenes Kind angenommen. Du bist ein Sohn oder eine Tochter Gottes! Wir wurden in Gottes Familie aufgenommen – nicht in irgendeine beliebige, sondern tatsächlich in die Familie Gottes! Erinnern wir uns kurz, was Jesus dazu sagte:

> **Ich versichere euch: Wenn ihr nicht umkehrt
> und wie die Kinder werdet,
> könnt ihr nicht in das Reich kommen,
> das der Himmel regiert.**
>
> Matthäus 18:3

Wenn wir nicht wie Kinder werden, dann können wir auch nicht in das Reich Gottes kommen! Dann können wir auch keine wirklichen Mitglieder in Gottes Familie werden. Wie aber werden wir solche Kinder? Alleine durch den Geist! Durch ihn wird uns Freiheit geschenkt (ἐλευθερία) – und diese Freiheit bedeutet, Teil einer Familie zu werden und zu sein! Gott adoptiert uns als Kinder und erkennt seine Vaterschaft für uns an!

Ich möchte hierzu auch ein paar Verse zitieren, um den Gedanken weiter zu vertiefen.

> **Der Geist, den ihr empfangen habt,
> macht euch ja nicht wieder zu Sklaven,
> sodass ihr wie früher in Furcht leben müsstet.
> Nein, ihr habt den Geist empfangen,
> der euch zu Kindern Gottes macht, den Geist,
> in dem wir „Abba! Vater!" zu Gott sagen.**
>
> Römer 8:15

Wichtige Aussagen, die wir hier lesen, noch einmal kurz zusammengefasst:

❤ Wir haben den Geist der Freiheit empfangen

❤ Damit sind wir aus der Sklaverei befreit

❤ Wir haben das Recht, Gott Abba (Papa) zu nennen

Schauen wir in einen nächsten Vers aus dem Galaterbrief hinein.

**Weil ihr nun Söhne seid,
gab Gott euch den Geist seines Sohnes ins Herz,
der „Abba! Vater!" in uns ruft.
Du bist also nicht länger ein Sklave, sondern Sohn!
Und wenn du Sohn bist,
dann hat Gott dich auch zum Erben gemacht.**

Galater 4:6-7

Auch hier wieder die wichtigsten Aussagen zusammengefasst:

❤ Wir sind Söhne/Kinder Gottes

❤ Wir haben den Geist des Sohnes (Jesus) im Herzen

❤ Dadurch sind wir frei und keine Sklaven mehr

❤ Als Kinder sind wir Erben

Abba ist eine sehr vertraute Anrede in der Familie. Und durch den Geist, den wir bekommen haben, dürfen auch wir Gott in dieser persönlichen und intimen Weise ansprechen. Wir haben eine Vaterfigur, zu der wir aufschauen können. Meiner Erfahrung nach haben viele Menschen in ihrem Leben keine adäquate Vaterfigur, an der sie sich orientieren konnten. Gerade in diesem Bereich gibt es sehr viele Verletzungen. Nicht selten werden Verletzungen, besonders aus dem familiären Umfeld, sexuell kompensiert. Das führt dazu, dass Menschen krampfhaft nach Anerkennung oder Liebe suchen, die sie in der Familie nicht bekommen haben. Wir laufen mit verletztem Herzen durch die Welt – oft ein Leben lang.

Diese Bitterkeit, Ängste und Unsicherheiten, die sich tief in uns eingegraben haben, können zu mächtigen Festungen der Gebundenheit werden. Vielleicht betrifft dich dieser Umstand nicht direkt, ilch bitte dich dennoch, dies im Gebet zu prüfen. Ich selbst komme aus sehr problematischen und kaputten Familienverhältnissen und habe in meiner Kindheit und Jugend wirklich heftige Zeiten durchgemacht. Echte und ehrliche Anerkennung habe ich von meinem Vater niemals erhalten. Hinzu kamen Gewalterlebnisse, die meine Entwicklung stark geprägt haben. Ich flüchtete mich in Drogen, Okkultismus und Spiritismus – jedoch ohne Erfolg. Die Verletzungen und die Bitterkeit blieben Teil meines Lebens. Ich drohte völlig abzustürzen und würde heute nicht mehr leben, wenn nicht etwas Entscheidendes geschehen wäre: Jesus fand mich in meinem Elend, meiner Hoffnungslosigkeit und meiner Einsamkeit!

Nachdem er in mein Leben kam und das Gröbste ordnete, konnte ich meinem Vater tatsächlich vergeben. Leider war er zu diesem Zeitpunkt bereits verstorben. Daher ging ich an sein Grab und sprach ihn von seinem Versagen und seinen Fehlern frei. Das war ein wichtiger Schritt für mich. Ich habe losgelassen, habe aufgehört, meiner Bitterkeit Raum zu geben. Aus dieser neuen Freiheit heraus konnte ich beginnen, anders über meinen Vater zu denken und sogar sein Verhalten zu verstehen. Er hat mich sicher geliebt, konnte es aber nicht zeigen, da er seine eigenen Päckchen aus der Vergangenheit mit sich herum schleppte – Päckchen, die nur Jesus heilen konnte. Da er Jesus jedoch nicht kannte, hatte er diese Freiheit nicht, sich von seinen Verletzungen zu lösen. Ich durfte in Christus diesen Teufelskreis unterbrechen.

All diese Belastungen, die von einer Generation an die nächste weitergegeben werden, potenzieren sich und machen die Situation der persönlichen Bindungen dadurch nur heftiger und umso schwerer ist es sie zu durchbrechen.

Heute erleben wir oft kaum noch intakte Familien. Ein Blick in die Schulklassen meiner Töchter offenbarte mir ganz lebensnah diese dunkle Wahrheit: Intakte Familien sind inzwischen zur Ausnahme geworden. Zudem arbeiten ideologische Strömungen vehement daran, das klassische Bild von Familie zunehmend als etwas Unnatürliches darzustellen. Dahinter steckt eine von langer Hand geplante Agenda, die Gesellschaft umzuformen und insbesondere auf der Ebene der Sexualität zu beeinflussen. Anbei ein kleiner Auszug eines Artikel aus den achtziger Jahren der „Gay Community News".[3]

„Wir werden eure Söhne sodomisieren, Symbole eurer schwachen Männlichkeit, eurer oberflächlichen Träume und vulgären Lügen. Wir werden sie verführen in euren Schulen, in euren

---

[3] Michael Swift. „Schwul-revolutionär". Gay Community News, 15.02.1987. Deutsche Übersetzung.

Wohnheimen, in euren Turnhallen, in euren Umkleideräumen, in euren Sportarenen, in euren Seminaren, in euren Jugendgruppen, in den Toiletten eurer Kinos, in euren Kasernen, in euren Truckstops, in euren Männerclubs, in euren Kongresshäusern, überall dort, wo Männer mit Männern zusammen sind. Eure Söhne werden zu unseren Handlangern und tun, was wir ihnen befehlen. Sie werden nach unserem Bild neu geformt. Sie werden uns begehren und verehren. [...]

Alle Gesetze, die homosexuelle Handlungen verbieten, werden aufgehoben. Stattdessen werden Gesetze verabschiedet, die die Liebe zwischen Männern fördern. Alle Homosexuellen müssen als Brüder zusammenstehen; wir müssen künstlerisch, philosophisch, sozial, politisch und finanziell vereint sein. [...] Wir werden Gedichte über die Liebe zwischen Männern schreiben; wir werden Theaterstücke aufführen, in denen Männer offen Männer liebkosen; wir werden Filme über die Liebe zwischen heldenhaften Männern drehen, die die billigen, oberflächlichen, sentimentalen, faden, kindischen, heterosexuellen Schwärmereien ersetzen werden, die derzeit eure Kinoleinwände dominieren. Wir werden Statuen von schönen jungen Männern, von mutigen Athleten schnitzen, die in euren Parks, auf euren Plätzen und in euren Straßen aufgestellt werden. Die Museen der Welt werden nur noch mit Gemälden von anmutigen, nackten Jünglingen gefüllt sein. Unsere Schriftsteller und Künstler werden die Liebe zwischen Männern modisch und zum guten Ton machen, und wir werden Erfolg haben, weil wir geschickt darin sind, Stile zu setzen. Wir werden heterosexuelle Verbindungen durch den Einsatz von Witz und Spott beseitigen, Mittel, die wir gekonnt einzusetzen wissen. [...] Die Familie – Brutstätte von Lügen, Verrat, Mittelmäßigkeit, Heuchelei und Gewalt – wird abgeschafft werden. Die Familie, die nur die Vorstellungskraft dämpft und den freien Willen einschränkt, muss beseitigt werden. Perfekte Jungen werden in Genlaboren gezeugt und aufgezogen werden. Sie werden in einer Gemeinschaft unter der Kontrolle und Anleitung homosexueller Gelehrter zusammenleben.

Alle Kirchen, die uns verurteilen, werden geschlossen. Unsere einzigen Götter sind schöne junge Männer. Wir halten uns an einen Kult der Schönheit, der Moral und der Ästhetik. Alles, was hässlich, vulgär und banal ist, wird vernichtet werden. Da wir von den heterosexuellen Konventionen der Mittelschicht entfremdet sind, können wir unser Leben frei nach den Geboten der reinen Fantasie leben. Für uns ist zu viel nicht genug. „Wir werden die Geschichte neu schreiben, diese Geschichte, die mit euren heterosexuellen Lügen und Verzerrungen angefüllt und entwertet ist. Wir werden die Homosexualität der großen Führer und Denker darstellen, die die Welt geprägt haben. Wir werden zeigen, dass Homosexualität, Intelligenz und Vorstellungskraft untrennbar miteinander verbunden sind und dass Homosexualität eine Voraussetzung für wahre Noblesse und wahre Schönheit in einem Mann ist."

Laut Angaben handelt es sich bei diesem Artikel um einen satirischen Beitrag. Ob dies tatsächlich zutrifft, bleibt der persönlichen Beurteilung überlassen. Fakt ist: Was hier noch als zukünftige Vision beschrieben wurde ist heute an vielen Stellen zur neuen Realität geworden, die beinahe schon religiöse Züge trägt. Diese neue Normalität zeigt sich auch in der Tatsache, dass die natürliche und gottgewollte Gemeinschaft von Mann und Frau nicht nur in Frage gestellt wird, sondern auch einen ideologischen Stempel erhält. Menschen werden zunehmend unfähiger gesunde Beziehungen zu leben und dies zeigt sich an der unübersehbaren und zunehmenden Anzahl von Trennungen, Scheidungen und kaputten Familienverhältnissen. Menschen werden dabei nicht nur durch Pornografie konditioniert und manipuliert, sondern auch durch ideologisch aufgeladenen Inhalte über Medien, Social Media und Organisationen, die vermehrt Einfluss auf Kindergärten und Schulen nehmen wollen.

Doch kommen wir wieder zurück: Wenn wir unser Leben nicht im Licht der Wahrheit betrachten und reflektieren, wird die Situation in Ägypten immer undurchdringlicher. In der Bibel steht Ägypten als Sinnbild für Gefangenschaft und Unfreiheit. Doch da ist ein Gott, der jeder Generation neu begegnen möchte. Er ruft uns heraus aus dem Sklavendasein, aus Bindungen und Belastungen – egal, wie lange wir sie schon mit uns herumtragen!

Für die Juden ist Ägypten das Sinnbild schlechthin für Sklaventum. Es ist zentral für ihre historische und geistliche Identität. Gott hat sie aus der Unterdrückung der Ägypter befreit. Darum ist Ägypten auch für uns heute noch ein anschauliches geistliches Sinnbild für Bindungen im Leben eines Menschen. Ägypten ist somit das komplette Gegenteil von ἐλευθερία (eleutheria) – der Freiheit, zur Familie Gottes zu gehören. Ägypten steht für Unterdrückung, Unfreiheit, Zwang und kaputte Verhältnisse.

  Wo gibt es in deinem Leben noch ägyptische Verhältnisse?

Ich darf dir am Ende dieses Impulses und mit deinem neuen Lebenshashtag echte Freiheit zusprechen. Eine Freiheit, die dir vollkommen neue Familienverhältnisse beschert. Willkommen in Gottes wunderbarer Familie!

9.5_#vondersündebefreit

→ **7-Wochen-JAM Tag 5**

→ **Impuls zu Römer 6:18**

———

Mit dem nächsten Lebenshashtag gehen wir einen weiteren Schritt, um deine Freiheit noch tiefer zu entfalten. Inzwischen sind wir beim fünften Lebenshashtag angekommen – und ich möchte direkt in den dazugehörigen Vers eintauchen.

> **Von der Sünde befreit seid ihr nun in den Dienst der Gerechtigkeit gestellt.**
>
> **Römer 6:18**

Erneut beginnen wir mit einer gewagten Aussage des Apostels Paulus – ein Satz, der aufhorchen lässt. Bevor ich fortfahre, lies den Vers noch einmal aufmerksam und spüre nach, was er in dir auslöst.

❶ *Was spricht dich an, was fällt dir an der Aussage von Paulus konkret auf?*

❷ *Handelt es sich um eine These (eine unbewiesene Behauptung) oder haben wir es mit Fakten zu tun?*

Ich möchte dir anhand von zwei Punkten zeigen, was mich im Hinblick auf Römer 6:18 bewegt.

1. Paulus formuliert hier eindeutig eine feststehende Tatsache. Er haut die Wahrheit raus, wie sie ist – ganz der Paulus eben. Er stellt keine Frage, wie etwa: *„Wie sieht es*

bei euch aus? Seid ihr schon von der Sünde befreit?" Nein,
seine Aussage ist absolut klar: *„Ihr seid von der Sünde befreit!"*

Nimm diese geistliche Wahrheit mit in dein Gebet und
danke ganz bewusst dafür! Doch bleib nicht dabei stehen
– geh noch einen Schritt weiter. Ersetze das Wort Sünde
durch die Bereiche, die dich persönlich betreffen. Diese
Dinge auszusprechen, sie nicht zu beschönigen, sondern
ehrlich zu bekennen, ist von großer Bedeutung. Sei ehrlich zu dir selbst. Der Kampf um Reinheit ist keine Zeit,
Dinge zu verschweigen – es ist die Zeit, sie zu benennen.
Es ist die Zeit, reinen Tisch zu machen – nicht nur vor
Gott, sondern auch vor Menschen. Du musst dich nicht
vor die ganze Gemeinde stellen, aber es ist wichtig, einer
Vertrauensperson gegenüber offen zu werden. Denn sobald du bekennst, kommt Licht in dein Leben – und das ist
etwas zutiefst Segensreiches! Jakobus 5:16 sagt das nicht
ohne Grund. Wenn es dich Überwindung kostet oder sich
demütigend anfühlt, deine Sünden zu bekennen, dann ist
das gut. Es hilft dir, klarer zu sehen, wo du stehst – und
wie notwendig es ist, aus diesen Bindungen herauszu-
kommen.

Und seien wir ehrlich: Stolz kann wohl keiner von uns
sein, wenn wir darauf schauen, was wir konsumiert oder
vielleicht sogar real ausgelebt haben. Wir verlieren jedoch
in jedem Fall, wenn wir Dinge im Dunkeln halten wollen –
denn dann behalten sie Macht über uns. Ich selbst habe
lange Zeit niemanden gehabt, dem ich mich anvertrauen
konnte. Das war nicht gut für mich, denn ich hätte es drin-

gend gebraucht. Deshalb möchte ich dich ermutigen: Suche dir einen Rechenschaftspartner, dem du wirklich vertrauen kannst. Sprich offen über deine Probleme, bekenne deine Sünden und das, was dich gefangen hält. Du kannst dich auch an JAM 5/16 wenden, um persönliche Begleitung zu erhalten. Viele Männer nutzen diesen Dienst, weil sie in ihrem Umfeld niemanden haben, dem sie sich öffnen können. Zögere also nicht – nimm dieses Angebot gerne in Anspruch. Vielleicht fühlt es sich anfangs etwas seltsam an, auf diese Weise einer gewissen Kontrolle zu unterstehen. Doch genau das brauchen wir, um wirklich frei zu werden.

Ich komme nun zum zweiten Punkt, der mir wichtig geworden ist.

2. Paulus verwendet in der Aussage *„Ihr seid von der Sünde befreit"* eine besondere Zeitform im Griechischen – den sogenannten Aorist. Dabei handelt es sich um eine Vergangenheitsform, die ein einmaliges, punktuelles Geschehen beschreibt, dessen Wirkung dauerhaft fortbesteht. Mit anderen Worten: Die Befreiung ist geschehen, abgeschlossen – und sie verliert niemals ihre Gültigkeit. Es braucht nichts Weiteres, um dieses Geschehen zu ergänzen oder zu vollenden.

Und wir wissen: Dieses einmalige, alles verändernde Geschehen hat am Kreuz stattgefunden.

„Es ist Vollbracht"!

Johannes 19:30

Letztlich ist es immer – (d)eine persönliche – Entscheidung des Glaubens, wie tief du dem vertraust, was am Kreuz geschehen ist. Vertraust du Jesus wirklich, wenn er sagt: „Es ist vollbracht"? Halte kurz inne. Lass diese Worte auf dich wirken. Es sind Worte, die alles verändert haben. Das gilt auch für dich!

Die folgenden Fragen möchten dir dabei helfen, deine Gedanken zu sortieren – und ehrlich zu erkennen, wo du stehst.

1   *Was bedeutet das einmalige Geschehen am Kreuz für dich?*

2   *Was hat sich in deinem Leben verändert?*

Du hast darüber nachgedacht? Perfekt! Gehen wir einen Schritt weiter: Glauben wir Paulus, wenn er sagt: „Ihr seid von der Sünde befreit...!"? Am Ende steht und fällt alles mit unserem Glauben! Können wir das glauben, was Paulus mit Römer 6:18 in Absolutheit in den Raum stellt? Wie immens der Glaube ist, schauen wir uns anhand verschiedener Bibelstellen an, die dies bezeugen, und ziehen anschließend unser Fazit.

Und siehe, sie brachten einen Gelähmten zu ihm, der auf einem Bett lag; und als Jesus ihren Glauben sah, sprach er zu dem Gelähmten: Sei guten Mutes, Kind, deine Sünden sind vergeben.

Mt 9:2-3

Dann rührte er ihre Augen an und sprach: Euch geschehe nach eurem Glauben!

Mt 9:29

Wahrlich, ich sage euch:
Wenn ihr Glauben habt und nicht zweifelt,
so werdet ihr nicht allein
das mit dem Feigenbaum Geschehene tun,
sondern wenn ihr auch zu diesem Berg sagen werdet:
Hebe dich empor und wirf dich ins Meer!
so wird es geschehen.
Und alles, was immer ihr im Gebet glaubend begehrt,
werdet ihr empfangen.

Mt 21: 21-22

Darum sage ich euch:
Alles, um was ihr auch betet und bittet,
glaubt, dass ihr es empfangen habt,
und es wird euch werden.

Markus 11:24

Was ist also der Glaube?
Er ist die Grundlage unserer Hoffnung,
ein Überführtsein von Wirklichkeiten,
die man nicht sieht.

Hebräer 11:1

Aber ohne Glauben ist es unmöglich,
Gott zu gefallen.
Wer zu Gott kommen will, muss glauben,
dass es ihn gibt und dass er die belohnt,
die ihn aufrichtig suchen.

Hebräer 11:6

Es gibt unzählige weitere Bibelstellen, die uns etwas über die Auswirkung und Kraft des Glaubens lehren. Das hier ist nur eine kleine Auswahl aus dem reichen Schatz von Gottes Wort.

① *Welche Schlussfolgerung können wir aus diesen Versen über den Glauben ziehen?*

② *Welches persönliche Fazit ziehst du für dich selbst? Erkennst du die Kraft, die im Glauben liegt?*

Damit möchte ich den ersten Teil des Lebenshashtags abschließen und den Blick auf den zweiten Teil des Verses richten.

Paulus sagt: *„Wir sind in den Dienst der Gerechtigkeit gestellt."* In der Sünde zu leben bedeutet nichts anderes, als gebunden und abhängig von etwas zu sein. Es heißt, der Lust und Begierde Raum in unserem Leben zu geben und ihren Einfluss bewusst oder unbewusst zu akzeptieren.

Der Apostel Petrus wusste sehr genau, wovon er schreibt.

**Denn wovon man sich beherrschen lässt,
von dem ist man versklavt.**

Petrus 2:19

Sind wir also gezwungen, uns von unreinen Begierden, von Pornografie, Prostitution und Ähnlichem beherrschen zu lassen? Ganz sicher nicht! Wir stehen in der Gerechtigkeit Gottes! Wenn Paulus hier von Gerechtigkeit spricht, dann ist er – obwohl er die griechische Sprache verwendet – doch zutiefst von seinem hebräischen Denken geprägt. Und genau darin liegt ein entscheidender Unterschied zu unserem europäischen Verständnis.

Paulus geht nicht von einer abstrakten, moralischen Gerechtigkeit aus, sondern von einer *Beziehungsgerechtigkeit* – die durch das lebendige Verhältnis zwischen Mensch und Gott zustande kommt. Gott hat uns den neuen Bund des Herzens, den Bund des Glaubens, geschenkt. Damit verbindet er eine klare Erwartung: ein Leben in Gerechtigkeit. Doch er lässt uns mit diesem Anspruch nicht allein. Ganz im Gegenteil – er hat alles vorbereitet, damit diese Mission gelingen kann.

Einen wertvollen Hinweis darauf finden wir im Alten Testament, genauer gesagt im Buch Hesekiel.

Dann werde ich reines Wasser auf euch sprengen und euch so von allem Dreck und allen Götzen reinigen. Ich gebe euch ein neues Herz und einen neuen Geist: Das versteinerte Herz nehme ich aus eurer Brust und gebe euch ein lebendiges dafür. Ich lege meinen Geist in euch und bewirke, dass ihr meinen Gesetzen folgt und euch nach meinen Rechtsbestimmungen richtet.

Hesekiel 36: 25-27

Fassen wir die Kernpunkte von Gottes Aussage zusammen.

❤ Reinigung

❤ Befreiung von Dreck und Götzen

- neues Herz/neuer Geist
- Befähigung, Gottes Gesetzen zu folgen

Klingt nach einer wirklich gewaltigen Sache, nicht wahr? Diesen Bund finden wir tatsächlich im Kreuz wieder! Der Vers aus dem Propheten Hesekiel lässt sich in einem Satz zusammenfassen – mit Johannes 19:30: *„Es ist vollbracht!"*

Wir erkennen hier, wie Gott genau das umsetzt, was Paulus in diesem Lebenshashtag beschreibt, wenn er sagt: *„Wir sind in den Dienst der Gerechtigkeit gestellt!"*. Gottes Gerechtigkeit entsteht allein durch ein neues Herz, einen neuen Geist, sie entsteht durch eine tiefgreifende Reinigung und die Befähigung, nach seinen Maßstäben zu leben. Darum lass dir von mir zusprechen: Du bist ein für allemal ... #vondersündebefreit

9.6_#echtefreiheitdurchdensohn

→ **7-Wochen-JAM Tag 6**

→ **Impuls zu Johannes 8:36**

———

Starten wir durch mit dem sechsten Lebenshashtag! Und ich verspreche dir nicht zu viel, wenn ich sage: Auch diesmal wartet wieder ein absolut starker Vers auf uns – ein Vers, der es wirklich in sich hat.

Wir finden ihn – wie so oft – im Johannesevangelium.

———

Wenn euch also der Sohn frei macht, seid ihr wirklich frei!

Johannes 8:36

Deutlicher geht es kaum, oder? Woran können wir festmachen, dass wir die Freiheit, von der Jesus spricht, wirklich haben? Habe ich sie nur, wenn ich regelmäßig in der Bibel lese? Nur, wenn ich genug bete? Oder nur bei einem coolen Worship-Abend, an dem ich emotional berührt werde? Also immer dann, wenn ich einen richtig starken Move mache und mich super fühle? Sicher nicht! Auch wenn all diese Dinge essenziell für deinen Glauben sind. Doch wie sieht es aus, wenn wir gefühlsmäßig völlig am Boden sind – keinen Superlauf haben? Grundsätzlich stehen wir in der Gefahr, unsere Freiheit von unseren Gefühlen abhängig zu machen. Gott hat uns natürlich mit Gefühlen geschaffen – sie sind ein wichtiger Ausdruck unseres Wesens.

Sie können allerdings sehr trügerisch sein und uns in die Irre führen. Gefühle können uns eine Realität vorspielen, die gar nicht existiert, weil sie nur auf der emotionalen Ebene stattfindet. Gefühl ist grundsätzlich ein Oberbegriff für unsere seelischen Erfahrungen und die daraus entstehenden Reaktionen: Angst, Ärger, Mitleid, Eifersucht, Furcht, Freude, Liebe – aber auch Begierde, Lust, Leidenschaft. All diese Reaktionen sind eng mit unserem emotionalen Erleben verbunden. Was hat das mit Freiheit zu tun? Unsere Entscheidungen werden beeinflusst von unseren zuvor gemachten Erfahrungen und unserem emotionalen Erleben. Wir schaffen es kaum, uns ohne Weiteres von diesen tief verwurzelten emotionalen Bindungen zu lösen – insbesondere, wenn diese über viele Jahre in uns konditioniert wurden. Darum reagiere ich vielleicht in einer Situation mit Angst, obwohl objektiv gar kein Grund dazu besteht.

Die Psychologie erforscht genau diese Zusammenhänge. Doch das ist kein neuer Ansatz – Gott kennt all diese emotionalen Zustände in uns und möchte genau dort ansetzen, um uns zu heilen. Unsere Entscheidungen finden in einem bestimmten Raum statt: unserem Herzen.

Wenn die Bibel vom Herzen spricht, meint sie den Sitz unserer Moral, unseres Denkens, unserer Entscheidungen und Emotionen – den Raum des inneren Menschen, das Zentrum unseres Wesens.

In der Bibel finden wir etwa 960 Stellen, die das Thema des menschlichen Herzens aufgreifen – in ganz unterschiedlichen Zusammenhängen. Davon wollen wir uns einige genauer anschauen.

Der du Herzen und Nieren prüfst, gerechter Gott!

Psalm 7:19

Herz und Nieren sind im hebräischen Denken der Sitz des Gewissens und des verborgenen Denkens.

**Die Enge meines Herzens mache weit,
und führe mich heraus aus meinen Bedrängnissen!**

Psalm 25:17

Wir benötigen Gottes Hilfe, um unser eigenes Herz zu verstehen, unsere Beweggründe zu erkennen und um einen Weg zu finden, den Raum weit zu machen, um nicht von eingefahrenen emotionalen Beweggründen gesteuert zu werden.

**Was aber aus dem Mund herausgeht,
kommt aus dem Herzen hervor,
und das verunreinigt den Menschen.
Denn aus dem Herzen kommen hervor böse Gedanken:
Mord, Ehebruch, Unzucht, Diebstahl,
falsche Zeugnisse, Lästerungen;
diese Dinge sind es, die den Menschen verunreinigen...**

Mt 15:18-20

Hier wird die Reaktion beschrieben, die zu unserer Realität wird. Was kommt aus unserem Herzen heraus! Wovon wird es beeinflusst? Von der Wahrheit oder von der Lüge. Ist es die Lüge, verunreinigt sie uns. Und aus ihr entstehen dementsprechend bestimmte Taten und Handlungen.

Somit wird die Sünde greifbar und nimmt Gestalt in unserem Leben an.

Dies ist der Bund,
den ich für sie errichten werde nach jenen Tagen,
spricht der Herr,
ich werde meine Gesetze in ihre Herzen geben
und sie auch in ihren Sinn schreiben

Hebräer 10:16

Gott selbst hat unser Herz geheilt und damit ist der Entscheidungsraum nicht mehr abhängig von emotionalen Erlebnissen, von Bindungen und Süchten, Ängsten etc. Gott hat in unser Herz geschrieben, wie unsere Realität aussehen soll. Er hat eine gänzlich neue DNA in dir angelegt.

Damit haben wir uns die Seite und die Bedeutung des Herzens angeschaut und wollen nun nachsehen, was uns die Bibel über Versuchungen zu sagen hat.

Wacht und betet,
damit ihr nicht in Versuchung fallt.
Der Geist zwar ist willig,
das Fleisch aber ist schwach.

Markus 14:38

Bisher ist noch keine Versuchung über euch gekommen,
die einen Menschen überfordert.
Und Gott ist treu;
er wird nicht zulassen,
dass die Prüfung über eure Kraft geht.

**Er wird euch bei allen Versuchungen den Weg zeigen,
auf dem ihr sie bestehen könnt.**

1. Korinther 10:13

**Haltet es für reine Freude, meine Brüder,
wenn ihr in verschiedener Weise versucht werdet.
Ihr wisst ja, dass ihr durch solche Bewährungsproben
für euren Glauben Standhaftigkeit erlangt.
Die Standhaftigkeit wiederum bringt das Werk zum Ziel:
Ihr sollt zu einer Reife kommen, der es an nichts mehr fehlt
und die kein Makel entstellt.**

Jakobus 1:2-4

Bei all dem ist es wichtig zu verstehen: Wir werden von Gott geprüft – nicht, weil er uns strafen möchte, sondern um uns in den Prozess der Veränderung zu führen und uns zu heiligen. Es gibt jedoch einen entscheidenden Unterschied zwischen Prüfungen und Versuchungen: Versuchungen stammen niemals von Gott!

**Niemand sage, wenn er versucht wird:
Ich werde von Gott versucht.
Denn Gott kann nicht versucht werden vom Bösen,
er selbst aber versucht niemand.**

Jakobus 1:13

**Nein, jeder wird von seiner eigenen Begierde in die Falle gelockt.
Wenn die Lust auf diese Weise schwanger geworden ist,
bringt sie Sünde zur Welt...**

Jakobus 1:14+15

Noch einmal: Versuchungen kommen niemals von Gott! Sie sind entweder dämonischen Ursprungs oder Ausdruck unseres eigenen gefallenen Wesens. Die Bibel spricht hier vom Fleisch – unserem alten Wesen – oder vom menschlichen Herzen, aus dem unweigerlich das Böse hervorgeht. Doch Gott war äußerst weise darin, uns in diesem Spannungsfeld zwischen Glauben und Zweifel zu helfen und uns zur Seite zu stehen.

Er hat alles getan, damit wir in seinen Frieden, seine Wahrheit und in echte Freiheit kommen können.

Er, das Wort, wurde Mensch und wohnte unter uns. Und wir haben seine Herrlichkeit gesehen, eine Herrlichkeit, wie sie nur der Eine und Einzigartige vom Vater hat, erfüllt mit Gnade und Wahrheit.

Johannes 1:14

Und weil Gott in Christus menschliche Natur annahm, war er den gleichen Versuchungen ausgesetzt wie wir. Gut, es gab noch kein Internet – aber die Lust hat sich immer ihren Weg gesucht, machen wir uns nichts vor. Jesus weiß also genau, was es bedeutet, Reizen ausgesetzt zu sein und zwischen Emotionen, Glauben und Zweifeln zu stehen. Doch er hat diesen Weg durch diese Welt vollkommen gemeistert und ist den Versuchungen, die uns zu Fall bringen, nicht erlegen.

Seine Realität war immer die Wahrheit Gottes.

**Deshalb musste er
seinen Geschwistern in jeder Hinsicht gleich werden,
um vor Gott ein barmherziger und treuer Hoher Priester
für uns sein zu können;
ein Hoher Priester,
durch den die Sünden des Volkes gesühnt werden.
Und weil er selbst gelitten hat, als er versucht wurde,
kann er auch denen helfen, die in Versuchungen geraten.**

Hebräer 2:18-18

Am Kreuz ist das entscheidendste und wichtigste Ereignis der Menschheitsgeschichte geschehen – und Paulus drückt das auf wunderbare Weise aus.

**...ich bin mit Christus gekreuzigt,
und nicht mehr lebe ich, sondern Christus lebt in mir;
was ich aber jetzt im Fleisch lebe, lebe ich im Glauben,
und zwar im Glauben an den Sohn Gottes,
der mich geliebt und sich selbst für mich hingegeben hat.**

Galater 2:19-20

Wir sind mit Christus gekreuzigt! Wenn ich mit Christus gekreuzigt bin, dann bin ich auch am Kreuz gestorben. Und wenn ich am Kreuz gestorben bin, dann hängen dort all meine Vergehen und meine gesamte Schuld. Schauen wir uns einmal das Wort ICH genauer an.

Die einzelnen Buchstaben können eine tiefere Bedeutung haben – besonders, wenn man auf die griechische Lautsprache achtet (siehe in Klammern).

I	=	Ἰησοῦς (Iäsus)	=	Jesus
C	=	Χριστὸς (Christos)	=	Christus
H	=	ἑαυτὸν (Heauton)	=	selbst

Jesus hat sich für uns kreuzigen lassen und unsere Strafe auf sich genommen. Wenn ICH glaube, dann bin ICH mit IHM gekreuzigt – und lebe ein neues Leben, weil ER in MIR lebt. Wenn Jesus in mir lebt, dann lebe ich aus einer ganz neuen Kraft, die ich vorher nicht hatte. So können wir selbst erleben, wovon Paulus berichtet, wenn er schreibt: *„Christus lebt in mir!"*

Wir haben hier eine kraftvolle, geistliche Wahrheit vor uns, für die wir dankbar sein dürfen. Paulus zeigt uns, dass unser Herz erneuert wurde, weil Christus nicht nur für uns gestorben ist, sondern auch in uns lebt. Das verändert alles – nicht nur ein bisschen, sondern komplett! Aus dieser Einheit mit ihm verändert sich auch unser emotionales Erleben, Bewerten und Reagieren. Wenn wir ihn lassen, kann er mehr und mehr Heilung und Erneuerung in uns bewirken. Das bedeutet konkret: Die Entscheidungen, die wir treffen, müssen nicht mehr von unseren Gefühlen bestimmt sein. Angst, Sorge, Wut, Lust oder andere Emotionen haben nicht länger die Macht über unsere Entscheidungen. Christus befähigt uns, frei und bewusst zu handeln.

Es geht daher um nichts anderes, als um die Umgestaltung unseres Herzens. Das Herz, bzw. die Seele ist der Raum, in dem wir unsere moralischen Vorstellungen entwickeln, Erfahrungen speichern und unser Handeln steuern. Wenn unser Herz durch Christus frei ist, haben wir echte Freiheit, auf Umstände und Reize zu reagieren – ohne uns treiben oder manipulieren zu lassen. Diese Freiheit kommt aus dem Heiligen Geist, aus dem Leben mit und in Christus, wie wir gerade im Galaterbrief gelesen haben. Was bestimmt also unser Herz? Zweifel oder Glauben?

Was auch immer der Trigger für deine Bindung sein mag – seien es Inhalte auf Social Media Kanälen, Pornografie oder der Besuch einer Prostituierten – du musst diesen Reizen nicht folgen. In Christus hast du echte und wahrhaftige Freiheit geschenkt bekommen – auch für dein emotionales Erleben. Der Heilige Geist ist dein Supporter, der dir hilft, über die Sünde zu herrschen. Das ist keine Neuigkeit – aber es ist eine Wahrheit, die wir uns immer wieder bewusst machen müssen.

Schau dir die nächsten Verse genau an. Sie zeigen dir, welche Freiheit und Kraft du in Christus hast!

**Wenn du aber nicht recht tust,
lagert die Sünde vor der Tür.
Und nach dir wird ihr Verlangen sein,
du aber sollst über sie herrschen.**

Genesis 4:7

**Denn die Sünde wird nicht über euch herrschen,
denn ihr seid nicht unter Gesetz,
sondern unter Gnade.**

Römer 6:14

Lerne diese Freiheit, die Jesus dir ermöglicht, besser kennen. Wir alle haben einen Weg der Veränderung vor uns – es ist ein Prozess. Niemand kann von sich sagen, dass er diesen Weg schon vollständig gemeistert hätte. Jeder von uns bringt zahlreiche Baustellen mit. Selbst ein Mann wie Paulus, der große Apostel, geht damit sehr offen und ehrlich um.

Ich will nicht behaupten, das Ziel schon erreicht zu haben oder schon vollkommen zu sein; doch ich strebe danach, das alles zu ergreifen, nachdem auch Christus von mir Besitz ergriffen hat.

Philipper 3:12

Was für starke und authentische Worte! Sie dürfen dich ermutigen – egal, von wo aus du deinen Weg in die Freiheit startest. Lauf los und lass dich von Christus, seiner Freiheit und seiner Wahrheit immer mehr in Besitz nehmen.

9.7_#ingottistruhe

→ **7-Wochen-JAM Tag 7**

→ **Impuls zu Hebräer 4:1**

––––––

Wir sind beim letzten Lebenshashtag angekommen. Dieser siebte JAM ist der Sabbat-JAM. Vor dem Sabbat-JAM stehen sechs JAMs mit sechs Lebenshashtags, die sich deutlich von diesem letzten unterscheiden. Die Zahl „sechs" ist dabei keineswegs zufällig gewählt. Gott liebt Zahlensymbolik, und im Hebräischen haben viele Zahlen eine besondere Bedeutung. Die Sechs steht für das Natürliche, das Irdische, das Menschliche.

Der Mensch wurde am sechsten Schöpfungstag geschaffen – und Gott hat sich dabei etwas richtig Wunderbares einfallen lassen.

––––––––––––

**Und Gott schuf den Menschen nach seinem Bild,
nach dem Bild Gottes schuf er ihn;
als Mann und als Frau, schuf er sie.**

1. Mose 1:27

Du bist nach dem Bild Gottes geschaffen – wunderbar gemacht! Du darfst im Geist der Herrlichkeit leben. Komme in die Freiheit, die dir Gott von Anfang an zugedacht hat. In Vers 31 heißt es: *„Und es wurde Abend und es wurde Morgen: der sechste Tag."*

Die Sechs steht also für den Menschen – damit haben wir die Symbolik der Sechs für uns klar.

In den JAMs tun wir etwas sehr Menschliches: Wir wollen unseren Platz in der Schöpfungsordnung Schritt für Schritt wieder einnehmen. Ich glaube zutiefst, dass es ein großer Segen für uns ist, in der Schöpfungsordnung zu leben. Das bedeutet nichts anderes, als zu unseren Wurzeln zurückzukehren. Es hat also auch etwas mit Gehorsam zu tun: Wir kehren bewusst zu dem zurück, wozu Gott uns geschaffen hat. Darum orientiert sich auch der 7-Wochen-JAM an dieser göttlichen Ordnung.

Um in der Schöpfungsordnung zu bleiben, wenden wir uns nach den sechs JAMs, in denen wir viele geistliche Wahrheiten erarbeitet haben, nun dem siebten JAM zu – dem Sabbat-JAM. Denn nachdem Gott die Welt in sechs Tagen in ihrer ganzen Komplexität geschaffen und ins Leben gerufen hatte, ruhte er von seinem Werk.

Am siebten Tag also war Gottes Werk vollendet und er ruhte am siebten Tag von all seinem Werk.
Gott segnete diesen Tag und machte ihn zu etwas Besonderem, denn an ihm ruhte Gott, nachdem er sein Schöpfungswerk vollendet hatte.

1. Mose 2:2+3

Wie Gott nach seinem Schaffen innehielt und zurückblickte, so schau auch du zurück – auf die sechs vorherigen JAMs und die lebensverändernden Lebenshashtags! Gehe noch einmal deine Notizen und Impulse durch, die du in den letzten Lektionen bekommen hast.

❶ *Was ist passiert?*

❷ *Was hat dich inspiriert?*

❸ *Hat Gott zu dir gesprochen?*

❹ *Hattest du einen geistlichen Durchbruch?*

❺ *Durftest du Erneuerung erleben?*

Was du von den Lebenshashtags für dich mitnimmst, ist deine persönliche Entscheidung. Alles hängt davon ab, wie offen du für die geistlichen Wahrheiten bist und ob du glauben und annehmen kannst, was Christus für dich gesetzt hat. Die sechs Tage – die sechs Lebenshashtags – sind vollendet! Du hast es durchgezogen. Starke Leistung!

Mit ihnen hast du alles an die Hand bekommen, um frei zu sein und in deiner Berufung zu leben. Das Vertiefen dieser Wahrheiten ist und bleibt deine Hausaufgabe, besonders wenn du dauerhaft die Freiheit leben willst, die dir geschenkt wurde. Jetzt wird der Sabbat-Lebenshashtag eingeläutet! Gott gab den Menschen den Sabbat – einen Ruhetag – zum Innehalten, Reflektieren, zum Ruhen und um bewusst zu danken. Nimm dir Zeit, über die vergangenen Inputs nachzudenken und zu reflektieren, was du gelesen hast. Alles, was wir uns angeschaut haben, gilt nach wie vor – es sind starke und unverrückbare Verheißungen Gottes. Erinnere dich daran und halte fest, was du gelernt hast. Abschließend darf ich dir noch ein Wort aus der Bibel zusprechen:

Weil nun die Zusage, in Gottes Ruhe hineinzukommen, immer noch gilt, müssen wir ernsthaft darum besorgt sein, dass keiner von uns zurückbleibt und das Ziel nicht erreicht.

Hebräer 4:1

Die Zusage der Freiheit besteht für jeden – auch für dich! Du kannst in diese Freiheit hineinkommen, ganz gleich, ob vielleicht noch letzte Zweifel in dir aufsteigen. Denn Gott hält seine Zusagen! Und ich spreche dir in seinem Namen Freiheit zu. Ab jetzt stellt sich für dich die Frage: Wie ernsthaft bist du um deine Freiheit besorgt?

Noch einmal möchte ich dir ans Herz legen: Geh diesen Weg nicht allein, sondern gemeinsam mit anderen Menschen, die denselben Wunsch nach mehr Freiheit in ihrem Leben verspüren. Du brauchst Unterstützung, Beratung oder Begleitung? Dann wende dich gerne an JAM 5/16 unter: movement@jam516.com

10_JAM vor Ort

Sei dabei und mach dich eins mit dem Movement! Gründe einen JAM, also eine Kleingruppe vor Ort. Wenn du den Weg in Richtung Freiheit gehst und darüber nachdenkst, einen JAM zu starten, mach dir bewusst, dass du damit ein neues geistliches Schlachtfeld betrittst. Warum das so wichtig ist? Weil es zu Anfechtungen und Herausforderungen kommen kann – zunächst gar nicht offensichtlich im Zusammenhang mit JAM 5/16. Doch du wirst sehen: Wenn wir geistliches Land einnehmen, bemerkt die unsichtbare Welt dies äußerst schnell. Aber kein Grund zur Beunruhigung! Jesus hat all diese Kräfte und Mächte entwaffnet und einen triumphalen Sieg über sie errungen. Wenn wir Glauben und Vertrauen haben, kann dieser Sieg auch in unserem Leben sichtbare Wirklichkeit werden.

Schau dir an, was Jesus seinen Jüngern mit auf den Weg gab, bevor er zurück zum Vater ging.

Folgende Zeichen werden die begleiten, die glauben: Sie werden in meinem Namen Dämonen austreiben, sie werden in neuen Sprachen reden, wenn sie Schlangen anfassen oder etwas Tödliches trinken, wird es ihnen nichts schaden, Kranken, denen sie die Hände auflegen, wird es gut gehen.

Markusevangelium 16:17-18

Der Kampf um Freiheit und sexuelle Reinheit hat viel damit zu tun, dämonische Bindungen zu lösen und die „Schlangen der Unzucht" anzufassen, um sie aus dem Weg zu räumen. Wir sind angehalten, füreinander zu beten und segensreiche Hände aufzulegen. Dies wird dazu führen, dass Menschen in einen Zustand der Heilung und Ruhe kommen.

Kurz gesagt: Es gibt viel zu tun – und das bedeutet Arbeit.

Diese Arbeit ist nicht immer angenehm, aber notwendig. Ich las kürzlich in einem Impuls, dass die angenehmen geistlichen Dienste bereits vergeben sind. Was übrig bleibt, sind die schwierigen und „schmutzigen" Felder, auf die das Evangelium und der Sieg vom Kreuz noch hingetragen werden müssen. Wenn du also kein Problem damit hast, dich schmutzig zu machen, krempel deine Ärmel hoch – und los geht's!

Leiste deinen Beitrag, damit noch mehr Männer frei werden von Pornografie, Sexsucht, Selbstbefriedigung und Unreinheit – frei von Sucht, Bindungen und seelischen Verletzungen.

Was muss ein MANN tun, um konkret zu werden? Ganz einfach: Werde JAMer und Teil des Movements! Starte einen JAM in deiner Nähe – sei es als Teilnehmer oder als Initiator einer neuen Gruppe.

11_JAM-Leiterschaft

Es braucht nicht viel, um einen JAM zu gründen und zu leiten. Zunächst solltest du die Vision von JAM 5/16 teilen und den Glauben haben, dass Menschen frei werden können von ihren Bindungen. Vor allem aber ist eine persönliche Beziehung zu Jesus entscheidend. Was du sonst noch benötigst, ist ein Herz für Leiterschaft. Denn JAM-Leiter zu sein bedeutet auch, Verantwortung zu übernehmen – Verantwortung für Menschen, für das Reich Gottes. Es bedeutet, Grenzen zu setzen, Regeln vorzugeben, ehrlich und authentisch zu sein. Du musst mit Störungen umgehen können und dir bewusst sein, dass du in einem geistlichen Kampf stehst. Angriffe, Entmutigungen und unerwartete Umstände werden nicht lange auf sich warten lassen. In der unsichtbaren Welt wird es nicht unbemerkt bleiben, wenn du Menschen in die Freiheit führen möchtest. Natürlich möchte ich dir keine Angst machen! Ich bitte dich nur, deine Entscheidung klar zu treffen und deinen JAM verantwortlich durchzuziehen.

Sieh dir folgenden Vers aus dem Lukasevangelium an: Jesus weist uns auf ein wichtiges Prinzip hin, das wir anwenden sollen, wenn wir an Gottes Reich bauen.

**Wenn jemand von euch ein hohes Haus bauen will,
muss er sich doch vorher hinsetzen
und die Kosten überschlagen,
um zu sehen, ob sein Geld dafür reicht.
Sonst hat er vielleicht das Fundament gelegt,
kann aber nicht weiterbauen.**

Lukas 14:28-29

Wenn du dich nach allen Gebeten und sorgfältiger Überlegung entscheidest, einen JAM ins Leben zu rufen, ist das
großartig! Ich freue mich, wenn du ein Teil dieses Movements wirst.

Ich möchte dich noch darauf hinweisen, dass es unterschiedliche Ansätze in den verschiedenen Freiheitsbewegungen gibt. Bei einigen ist es nötig, dass ein Leiter bereits frei ist. Nach langer Überlegung habe ich entschieden: Ein JAM-Leiter muss nicht zwingend frei sein, sollte
jedoch das Ziel und die Vision verfolgen, Freiheit zu erlangen. Zudem sollte er offen und ehrlich Rechenschaft ablegen, wie alle anderen JAMer auch. Ich halte es für wichtiger, dass ein JAM (Kleingruppe) ins Leben kommt – und
zwar so schnell wie möglich.

Dennoch solltest du wissen: Es ist einfacher, Menschen in
die Freiheit zu führen, wenn du selbst schon frei bist. Es
ist leichter, Vollmacht über Bindungen und dämonische
Einflüsse zu haben, wenn du diese bereits in deinem eigenen Leben gebrochen hast. Es gibt hierzu ein Zitat von
Smith Wigglesworth, das ich persönlich sehr schätze.

„Before a man can bind the enemy,
he must know there is nothing binding him."

Smith Wigglesworth

Ein wesentlicher Aspekt, wenn du Menschen in die Freiheit führen willst, ist es, die Aufforderung von Jesus in
Markus 16:15f ernst zu nehmen und im Glauben umzu-
setzen. Grundsätzlich solltest du natürlich auch mit den
JAM-Richtlinien übereinstimmen (→ siehe Kapitel 12

„JAM-Richtlinien"). Abseits der Vorgaben hast du die Freiheit, die JAMs so zu gestalten, wie es euch gut tut – vorausgesetzt, die Gestaltung widerspricht nicht den geistlichen Inhalten von JAM 5/16.

JAM 5/16 ist ein Movement, und alles, was im Move ist, ist in Bewegung. Das bedeutet, dass sich möglicherweise Dinge entwickeln, die ich an diesem Punkt noch nicht erahnen kann. Ich traue Gott alles zu und bete für ein lebendiges Wachstum dieser Bewegung – eine geistliche Bewegung, die Menschen mitreißt und wirklich *begeistert*. Wenn du selbst einen JAM (Kleingruppe) gründen möchtest und Unterstützung brauchst, nimm bitte Kontakt auf und informiere darüber, dass du eine Gruppe im Namen von JAM 5/16 anbieten möchtest:

→ movement@jam516.com

12 _JAM-Richtlinien

Richtlinien sind wichtig, damit alle wissen, wohin die Reise geht. Vielleicht wirkt das für den ein oder anderen zunächst befremdlich, doch um Ordnung in den JAMs zu haben, sind Regeln notwendig. Dabei gilt: Die Regeln sind für die JAMer gemacht – nicht die JAMer für die Regeln. Sie sollen den Einstieg erleichtern und Leitplanken bieten, an denen man sich orientieren kann. Sie sind der Kompass auf unserem Weg. Auf gewisse Grundlagen sollten sich daher alle Beteiligten eines JAMs einigen können.

Diese Richtung heißt: unsere Freiheit in Christus entdecken, voll auszuschöpfen und auszuleben. Bist du dabei?

Werfen wir nun einen konkreten Blick auf die *JAM-Richtlinien:*

- Jeder kann kommen und ist zum *JAM* eingeladen. *JAM 5/16* ist überkonfessionell.

- Bildet getrennte *JAMs* für Männer und Frauen.

- Der einzelne *JAM* sollte nicht zu groß werden (ich empfehle max. 10 Teilnehmer). So können alle *JAMer* berücksichtigt werden.

- Jeder darf sagen, wie er sich fühlt und was er denkt.

- Was im *JAM* miteinander besprochen wird, bleibt auch im *JAM*.

- Lernt einander zu vertrauen und missbraucht dieses Vertrauen nicht.

- Sei ehrlich und offen in dem, was du von dir preisgibst.

- Das Buch *JAM 5/16 – Dein Move in die Freiheit* ist der geistliche Kompass für die Ausrichtung der *JAMs*.

- Networking und die Connection zu anderen Gemeinden als auch anderen Männerbewegungen und -gruppen sind erwünscht.

- Seid kreativ und lasst euch vom Heiligen Geist leiten, wie ihr die *JAMs* außerdem noch gestalten könnt.

- Seid Multiplikatoren!

- Bildet Gebets- und Rechenschaftspartnerschaften.

- Bekennt, betet und glaubt!

JAM 5/16 bietet dir darüber hinaus verschiedene Tools und Möglichkeiten an, um deinen Move zu machen. Hier noch einmal alles im Überblick.

13_Seminar-JAM

Die Seminar-JAMs sind ein optimaler Startschuss!

Ob als Gemeinde, Initiative oder andere Bewegung – ein Seminar-JAM bietet die Möglichkeit, einen ganzen Tag lang das Thema Freiheit zu beleuchten. Dabei geht es nicht nur um Abhängigkeit von Pornografie, sondern auch um andere Bindungen. Auf dem Programm stehen verschiedene Lehreinheiten: geistliche Impulse, Vorträge und Gruppenarbeiten, ausführlicher Worship (wünschenswert, muss jedoch selbst organisiert werden) sowie Zeiten des Moves (Bekennen) und des Prayerships (Beten).

Im Idealfall entsteht durch ein Seminar-JAM ein 7-Wochen-JAM vor Ort – eine Kleingruppe, die tiefer geht. Für Unterstützung bei der Gründung eines JAMs oder bei der Planung eines Seminar-JAMs, schicke bitte eine Nachricht an: movement@jam516.com

14_7-Wochen-JAM

Der 7-Wochen-JAM ist ein siebenwöchiges Programm für die JAMs (Kleingruppen). Ob ihr euch wöchentlich oder vierzehntägig trefft, bleibt euch überlassen – die Abstände sollten jedoch nicht zu groß sein. Die Impulse für die einzelnen JAMs sind vorgegeben (siehe Kapitel 9). Damit jedoch Raum für Kreativität entsteht, können die Impulse ergänzt und angepasst werden. Gerne wird die Kleingruppe von JAM 5/16 begleitet – dies muss individuell besprochen und entschieden werden. Der siebte JAM ist immer ein besonderer JAM: der Sabbat-JAM. Er bietet die Möglichkeit, zurückzuschauen, dankbar für Veränderungen zu sein und zu reflektieren, was in deinem Leben bereits geschehen ist.

Also: Was hat euch nach vorne gebracht?

Kommt in die Ruhe, die euch vom Herrn gegeben ist! Wenn die sieben Wochen abgeschlossen sind, habt ihr verschiedene Möglichkeiten:

- **Ihr startet mit einem weiteren 7-Wochen- JAM durch.**

- **Ihr connected euch in Gebets- und Rechenschaftspartnerschaften.**

- **Multipliziert euch und gründet weitere JAMs.**

15_Shepherding

Shepherding ist ein Dienst und Angebot speziell für Pastoren und Leiter. Warum bietet JAM 5/16 diesen Dienst an?

An Pastoren und Leiter wird ein hoher Anspruch gestellt – und das mag in bestimmten Aspekten berechtigt sein. Doch auch ein Leiter oder Pastor kann unter Bindungen leiden – was nicht bedeutet, dass er nicht ein vom Heiligen Geist inspirierter Leiter sein kann!

Wie bei jedem anderen Betroffenen auch handelt es sich um vertrauliche und sensible Lebensbereiche, die nicht in der Kirche miteinander besprochen werden sollten. Leider neigen auch Gläubige zu schnell dazu Urteile über die Sünden anderer zu fällen. JAM 5/16 bietet daher die Möglichkeit einer Einzelbegleitung an. Alles, was in einem JAM – also der Kleingruppe – stattfindet, wird hier persönlich begleitet und besprochen, sodass Vertraulichkeit und Schutz gewährleistet sind.

16_Rechenschaft

Möglicherweise ergibt sich nach einem 7-Wochen-JAM, dass ein JAMer oder eine JAMerin eine Gebets- und/oder Rechenschaftspartnerschaft benötigt. Achtet darauf, dass in dieser Partnerschaft Männer unter Männern bleiben und Frauen unter Frauen! Dies ist übrigens auch eine Regel für die Kleingruppen.

Eine solche Partnerschaft, bzw. Rechenschaft einzugehen bedeutet: Verantwortung zu übernehmen. Bleibt im Gespräch, sucht das Gebet und lebt gemeinsame Jüngerschaft. Sollte es euch an möglichen Partnern fehlen, wendet euch an JAM 5/16. Wir stellen oder vermitteln euch einen Kontakt.Wenn du Hilfe benötigst, sollst du sie auch unbedingt bekommen.

Hast du selbst gelebte Jüngerschaft auf dem Herzen und möchtest die Arbeit von JAM 5/16 unterstützen, dann melde dich für das Netzwerk der Gebets- und Rechenschaftspartner bei JAM 5/16 an! Werde ein JAMer, der Verantwortung übernimmt.

Mirko Steinkamp ist Gesundheitswissenschaftler, Fachjournalist und nicht zuletzt Theologe. Er ist verheiratet und Vater von zwei Töchtern. Ende der 1990er Jahre kam er zum Glauben an Jesus und ist seitdem aktiv in der Nachfolge unterwegs. Sein Leben, das bis dahin von Okkultismus, Spiritismus, Drogen und Hoffnungslosigkeit geprägt war, erfuhr durch die heilende und erneuernde Kraft Gottes eine radikale Wendung – nicht zuletzt durch eine persönliche Berufung in den apostolischen Lehrdienst. Seit vielen Jahren ist er im Predigtdienst tätig und gibt Seminare. 2023 gründete er den Dienst JAM 5/16, der sich schwerpunktmäßig mit der Befreiung von Pornografie- und Sexsucht auseinandersetzt. Zudem ist er Autor mehrerer Bücher. Es liegt ihm am Herzen, Menschen auf unterschiedliche Weise zu ermutigen und im Glauben zu stärken. Daher sind ihm Jüngerschaft und ein christuszentrierter Gemeindebau besonders wichtig. Er liebt es Zeit mit seiner Familie und Freunden zu verbringen und begeistert sich zudem für Kraftsport, Boxen und Proteindrinks.

Page:	www.jam516.com
Mail:	movement@jam516.com
Youtube:	@jam_5_16
Instagram:	@jam_5_16

Mach eine Reise in eine sagenhafte Welt. Christliche Fantasy von Mirko Steinkamp.

Die freien Völker Alanlandhes stehen vor einer dunklen Bedrohung. Beunruhigende Neuigkeiten werfen ihre todbringenden Schatten voraus. Prinzessin Kastanéa muss schwerwiegende Entscheidungen treffen, um das Königreich Kasta-Nién zu verteidigen. Lilién, ihre Beraterin macht sich auf den Weg, um die weiße Herde davon zu überzeugen sich dem bevorstehenden Kampf anzuschließen. Unterwegs macht sie eine ungeahnte Entdeckung. Agariá, die Fee, Nimbi, der Wicht, Marinus, der Waldmeister, Attacus, der Sommervogel und Ester, die Melisse, begeben sich unterdessen auf eine gefährliche Reise. Doch wird es den freien Völkern schließlich gelingen das Unheil abzuwenden? Ihre einzige Chance ist Illu-Cail! Doch keiner weiß wo er sich aufhält. Alte Überlieferungen und Prophezeiungen scheinen dabei mehr Verwirrung als Klarheit zu schaffen. Und was hat es mit dem großen Greifen auf sich? Glaube und Zweifel, Freundschaft und Verlust. Dies alles treibt die Gefährten an nicht aufzugeben und sich ihren größten Ängsten zu stellen. Die Saga von Alanlandhe beginnt...

Jetzt bei Amazon, Thalia oder überall im Buchhandel bestellen. ISBN: 978-3756218707

Apostel – schillernde Persönlichkeiten oder ehrwürdiges Amt?

Wer darf sich Apostel nennen? Handelt es sich um charismatische Einzelgestalten, die mit ihrer Ausstrahlung und Autorität ganze Bewegungen prägen? Oder besitzt das Apostelamt eine eigene, theologisch begründete Würde, die weit über persönliche Wirkung hinausgeht? Dieses Buch lädt ein zu einer spannenden theologischen Analyse: Es beleuchtet das Apostelamt und apostolische Dienste in Geschichte und Gegenwart, deckt Brüche und Kontroversen auf und stellt die entscheidende Frage nach der Relevanz für die Kirche heute.Ein fundierter Beitrag zu einem hochaktuellen Thema – kritisch, differenziert und anregend. Für alle, die einen neuen Blick auf das Apostelamt gewinnen möchten.

Jetzt bei Amazon, Thalia oder überall im Buchhandel bestellen.
ISBN: 978-3695159796